JN243648

Das Alphabet

		名 称	音 価					名 称	音 価	
A	**a**	[a:]	[a:]	[a]		**Ä**	**ä**	[ɛ:]	[ɛ:]	[ɛ]
B	**b**	[be:]	[b]	[p]						
C	**c**	[tse:]	[k]							
D	**d**	[de:]	[d]	[t]						
E	**e**	[e:]	[e:]	[ɛ] [ə]						
F	**f**	[ɛf]	[f]							
G	**g**	[ge:]	[g]	[k]						
H	**h**	[ha:]	[h]	[:]						
I	**i**	[i:]	[i:] [i] [ɪ]							
J	**j**	[jɔt]	[j]							
K	**k**	[ka:]	[k]							
L	**l**	[ɛl]	[l]							
M	**m**	[ɛm]	[m]							
N	**n**	[ɛn]	[n]							
O	**o**	[o:]	[o:]	[ɔ]		**Ö**	**ö**	[ø:]	[ø:]	[œ]
P	**p**	[pe:]	[p]							
Q	**q**	[ku:]	[kv] (← qu)							
R	**r**	[ɛr]	[r]							
S	**s**	[ɛs]	[s]	[z]						
T	**t**	[te:]	[t]							
U	**u**	[u:]	[u:]	[ʊ]		**Ü**	**ü**	[y:]	[y:]	[ʏ]
V	**v**	[faʊ]	[f] まれに [v]							
W	**w**	[ve:]	[v]							
X	**x**	[ɪks]	[ks]							
Y	**y**	[ýpsilɔn]	[y:] [ʏ]							
Z	**z**	[tsɛt]	[ts]							
	ß	[ɛstsɛ́t]	[s]							

Erste Schritte in Deutsch

［新版］とってもかんたん！ドイツ語入門

Eri Katsuki

HAKUSUISHA

─── 音声ダウンロード ───

音声を、白水社ホームページ（http://www.hakusuisha.co.jp/ download/）からダウンロードすることができます。（お問い合わせ先：text@hakusuisha.co.jp）

吹込者： Rita Briel / Matthias Wittig
吹込箇所：発音編、各課キーフレーズ、例文、
　　　　　話してみよう！、聴き取ってみよう！、読んでみよう！

イラスト　とりあえずビール
装丁　森デザイン室

初めてドイツ語を学ぶみなさんへ。

　この度、2018 年に第三書房から出版された『とってもかんたん！　ドイツ語入門』を、改めて白水社からお届けすることになりました。初めてドイツ語を学ぶ学生が、ドイツ語の初級文法を概観することができるように、簡潔な説明を心がけました。学習した文法事項を、すぐに練習問題で確認できることが特徴のひとつです。

　週 1 回の 90 分授業で年に 30 回の授業を前提とし、中間・期末のテストや復習の時間を考え、2 回の授業で 1 課を終えるようにしました。余裕があれば、巻末の「文法の補足」も参考にしてください。年度末には簡単な自己紹介、他者の紹介、聞き取りができることを目指しています。

　文豪ゲーテは「外国語（複数）を知らない者は、自国語も知らない」と言いました。ドイツ語は英語と似た言語ですが、古いゲルマン語の特徴を残していますので、初級文法は英語よりやや複雑です。しかし、いったん文法規則をマスターすれば、日本人にとって理解しやすい言語でもあります。みなさんがドイツ語学習を通じて、世界には様々な言語があることを知り、また日本語の特性を客観的に認識し、言語という深く魅力ある森に入っていくきっかけとなれば幸いです。

　最後になりましたが、ドイツ語録音を担当してくださった Rita Briel 先生、Matthias Wittig 先生、旧版の第三書房版でお世話になりました南野貴子さん、そして白水社の深津隆二さんに深く感謝いたします。

2025 年春　　香月恵里

目　　次

Lektion 1

ドイツ語の発音

1 アルファベット　01

Das Alphabet

A a	𝒜 𝒶	[aː]		Q q	𝒬 𝓆	[kuː]
B b	ℬ 𝒷	[beː]		R r	ℛ 𝓇	[ɛr]
C c	𝒞 𝒸	[tseː]		S s	𝒮 𝓈	[ɛs]
D d	𝒟 𝒹	[deː]		T t	𝒯 𝓉	[teː]
E e	ℰ 𝑒	[eː]		U u	𝒰 𝓊	[uː]
F f	ℱ 𝒻	[ɛf]		V v	𝒱 𝓋	[faʊ]
G g	𝒢 𝓰	[geː]		W w	𝒲 𝓌	[veː]
H h	ℋ 𝒽	[haː]		X x	𝒳 𝓍	[ɪks]
I i	𝐼 𝒾	[iː]		Y y	𝒴 𝓎	[ýpsilɔn]
J j	𝒥 𝒿	[jɔt]		Z z	𝒵 𝓏	[tsɛt]
K k	𝒦 𝓀	[kaː]				
L l	ℒ 𝓁	[ɛl]		Ä ä	𝒜̈ 𝒶̈	[ɛː]
M m	ℳ 𝓂	[ɛm]		Ö ö	𝒪̈ 𝑜̈	[øː]
N n	𝒩 𝓃	[ɛn]		Ü ü	𝒰̈ 𝓊̈	[yː]
O o	𝒪 𝑜	[oː]				
P p	𝒫 𝓅	[peː]		ß	ß	[ɛs-tsét]

変母音（Umlaut）

ß の書き方

Übung 1　次の略語をドイツ語のアルファベットで読んでみよう。02

BRD　　EU　　BMW　　USA　　DB

Übung 2　自分の名前をドイツ語のアルファベットで言ってみよう。

Übung 3　次の人々の名前を読んでみよう。03

Mozart

Bach

Anne Frank

Angela Merkel

Albert Einstein

© א (Aleph),http://creativecommons.org

2　ドイツ語の発音　04

①　原則としてローマ字読み。名詞は固有名詞でなくても大文字で書き始める。
　　　Haus　家　　du *(= you)*　　kaufen　買う

②　原則として、アクセントは第1音節にある。
　　　Frankfurt　フランクフルト　　Anfang　始まり　　lernen　習う

③　原則として、アクセントのある母音は1個の子音の前では長く発音する。
　　　Name　名前　　haben *(= have)*　　rot　赤い　　aber　しかし

④　2個以上の子音の前では短く発音する。
　　　Morgen　朝　　kommen　来る　　Brille　めがね　　danken　感謝する

母音　05

ä〔エ〕　日本語のエより口を開く。　　Käse　チーズ　　Bär　熊
ö〔え〕　唇を丸めてオの形にしたまま、エと発音する。
　　　　　Öl　油　　hören　聞く、聞こえる
ü〔ユ〕　唇を突き出し、ウの形にしたまま、イと発音する。
　　　　　fünf　5　　müde　疲れている、眠い

二重母音 06

1. ei 〔アイ〕 eins 1 arbeiten 働く nein いいえ (= no)
2. ie 〔イー〕 Bier ビール lieben 愛する (= love)
3. eu, äu 〔オイ〕 heute 今日 neun 9 träumen 夢見る
4. au 〔アウよりはアオに近い〕 Auto 車 laut (声・音が) 大きい

子音 07

1. j 〔j〕 ja はい (= yes) Japan 日本
2. v 〔f〕 Vater 父親 vier 4
3. w 〔v〕 Volkswagen フォルクスワーゲン Wien ウィーン
4. ck 〔ク〕 Bäcker パン屋 lecker おいしい
5. s + 母音 〔z〕 sieben 7 Musik 音楽 Seminar 演習
6. 母音 + h 〔母音をのばす〕 wohnen 住む gehen 行く
7. ch 前に a, o, u が来るとき 〔x〕(喉の奥の柔らかいところから出る音)
   Bach バッハ hoch 高い Buch 本 acht 8
   前にそれ以外の音が来る、または文頭のとき 〔ç〕〔ヒ〕
   ich (= I) China 中国 Milch 牛乳
8. 語末の b, d, g は濁らない
   〔p〕 halb 半分 gelb 黄色の
   〔t〕 und (= and) Hund 犬
   〔k〕 Tag 日、昼 Hamburg ハンブルク
9. x, chs 〔クス〕 Taxi タクシー Dachshund ダックスフント
10. z, tz 〔ts〕 zehn 10 Platz 広場 zwei 2
11. th dt 〔t〕 Luther ルター Thema テーマ Stadt 町
12. pf 〔pf〕 2文字で1音！ Kopf 頭 Apfel リンゴ
13. ss, ß 〔s〕 weiß 白い groß 大きい wissen 分かっている
14. sch 〔シュ〕 Schule 学校 schön 美しい ←-sh ではない！
15. tsch 〔チュ〕 Tschüss! バイバイ！ Deutsch ドイツ語
16. 語頭の st 〔シュト〕 Student (男子) 大学生 Stein 石
17. 語頭の sp 〔シュプ〕 sprechen 話す spät 遅い
18. -ig 〔ィヒ〕 billig 安価な Honig 蜂蜜
19. r 〔ʁ〕 喉ひこを震わせる！ rauchen 煙草を吸う Herz 心臓

🔖 er の発音に注意！

Mutter 母親 verkaufen 売る er 人称代名詞3人称・単数・男性
ムター フェアカオフェン エア

😊 地名を読んでみよう。 08

Berlin　　Hamburg　　Zürich　　Köln　　Wien　　Salzburg

挨 拶 09

| Guten Morgen!
グーテン　モるゲン | おはよう。 | Guten Tag!
グーテン　ターク | こんにちは。 |

Guten Morgen!
グーテン　モるゲン
おはよう。

Guten Tag!
グーテン　ターク
こんにちは。

Guten Abend!
グーテン　アーベント
こんばんは。

Grüß Gott!
グリュース　ゴット
（南ドイツなどで）おはよう。こんにちは。こんばんは。

Gute Nacht!
グーテ　ナハト
おやすみなさい。

Auf Wiedersehen!
アオフ　ヴィーダーゼーン
さようなら。

Tschüs!
チュース
バイバイ。

Danke schön!
ダンケ　シぇーン
ありがとうございます。

Bitte schön!
ビッテ　シぇーン
どういたしまして。

一般的な挨拶

Frau ～　（女性の）～さん
フらオ

Herr ～　（男性の）～さん
ヘア

Frau Braun: Guten Morgen, Herr Meyer. Wie geht es Ihnen?
ヴィー　ゲート　エス　イーネン
おはようございます、マイヤーさん。　お元気ですか？

Herr Meyer: Danke, gut, Frau Braun. Und Ihnen?
グート　　　　　　　　　　　ウント　イーネン
ありがとう、元気です、ブラウンさん。それで、あなたは？

Frau Braun: Danke, auch gut.
アオホ　グート
ありがとう、私も元気です。

数 字 1 11

0から12まで　読んでみよう。

0	1	2	3	4	5
null	eins	zwei	drei	vier	fünf

6	7	8	9	10	11	12
sechs	sieben	acht	neun	zehn	elf	zwölf

12

Ich bin Studentin / Student.

人称代名詞・もっとも重要な動詞 sein

1 人称代名詞

		単数		複数	
1人称		**ich**	*(I)*	**wir**	*(we)*
2人称	親称	**du**	*(you)*	**ihr**	*(you)*
	敬称	**Sie**	*(you)*		
3人称	男性	**er**	*(he)*	**sie**	*(they)*
	女性	**sie**	*(she)*		
	中性	**es**	*(it)*		

◢ ich　文頭以外では i は小文字。発音が「イッヒ」と2音節にならないように！
◢ 2人称は2つある。du と Sie

---

du と Sie の使い分け
　du：親称　家族、親しい友人、子供、動物などを相手にしているとき。
　Sie：敬称　それ以外の普通の間柄の人を相手にしているとき。
　　　　　　敬称2人称は単数も複数も同形。最初の s を必ず大文字で書く。
多くのヨーロッパの言語には、2人称が2つある。英語の *you* は、もともと敬称の形。親称には *thou* という形があったが、これは次第に使われなくなった。

Übung 1　次の語を代名詞に直してみよう。

1. du und ich　君と私　　　2. Sayaka　　　3. Sayaka und Klaus

- - - - - - - - - - - - - - - 　　- - - - - - - - - - - - - - - 　　- - - - - - - - - - - - - - -

4. Klaus　　　5. du und Sayaka　　　6. mein Vater　私の父

- - - - - - - - - - - - - - - 　　- - - - - - - - - - - - - - - 　　- - - - - - - - - - - - - - -

2 もっとも重要な動詞 sein *(=be)* の人称変化 13

		単数	複数
1 人称		ich bin	wir sind
2 人称	親称	du bist	ihr seid
	敬称	Sie sind	
3 人称	男性	er ist	sie sind
	女性	sie ist	
	中性	es ist	

◢ 3 人称単数が主語の時は、主語の性にかかわらず、動詞の形は同じ。

◢ ドイツ語では、主語に合わせて動詞の形が変化する。主語が決まっていない時の形を不定形、主語が決まった時の形を定形という。

▌Übung 2　主語に合わせて、sein 動詞の定形を入れてみよう。

1. Ich _____ Studentin.　　　　私は（女子）大学生です。

2. Frau Merkel _____ Deutsche.　　　メルケルさんはドイツ人です。

3. Er _____ Koreaner.　　　　彼は韓国人です。

4. Herr Schneider _____ Deutscher.　　シュナイダーさんはドイツ人です。

5. Sayaka und Ryo _____ jung.　　　さやかとリョウは若い。

3 語順 1　14

平叙文では、動詞は第 2 位。

　　Herr Schneider **ist** nett.　　シュナイダーさんは親切だ。

◢ 文の最初に動詞を持ってくると、ja *(yes)* か　nein *(no)* で答えられる疑問文。

　　Ist Herr Schneider nett?　–　Nein, er ist nicht nett.
　　シュナイダーさんは親切ですか？　　いいえ、彼は親切ではありません。

1. _ _ _ _ _ _ _ _ _ Sie Studentin?　　　　　あなたは大学生ですか？

2. _ _ _ _ _ _ _ _ _ du müde?　　　　　　眠いの？

3. _ _ _ _ _ _ _ _ Herr Nestle Schweizer?　　ネストレさんはスイス人ですか？

😀 話してみよう！　15

隣の人に聞いてみよう。次に、主語を du にかえて聞いてみよう。

1. Sind Sie müde?　　　　　　　　　– _

2. Sind Sie Japanerin / Japaner?　　– _

3. Sind Sie Studentin / Student?　　– _

◢ 重要表現　16

Freut mich sehr!　　お知り合いになれて嬉しいです。

Gute Reise!　　　　よいご旅行を！

Viel Spaß!　　　　　楽しんできてね！

Wie bitte?　　　　何ですって？　何とおっしゃいましたか？

Entschuldigung!　　すみません！　　Entschuldigen Sie!　　どうもすみません！

😀 聴き取ってみよう！　17

聴き取った単語を点線部に書いてみよう！

A: Ich heiße Inoue, Inoue Maiko.

B: _ _ _ _ _ _ _ _ _ _ _ _ _ _ _ _? Frau Maiko?

A: Ich heiße Inoue. Inoue ist mein Familienname. Ich _ _ _ _ _ _ _ Japanerin.

B: Ah, _ _ _ _ _ _ _ _ _ _ _ _ _, Frau Inoue. _!

A: Freut mich auch sehr!

Klaus:　　Hallo, Sayaka!
　　　　　やあ、サヤカ！

Sayaka:　Tag, Klaus! Wie geht's?
　　　　　こんにちは、クラウス！　元気？

Klaus:　　Gut, und dir?
　　　　　元気だよ。で、君は？

Sayaka:　Danke, ganz gut.
　　　　　まあ元気よ。

sehr gut	gut	Es geht.
とても元気	元気	まあまあです。
nicht gut	schlecht	sehr schlecht
良くない	悪い	とても悪い

😀 聴き取ってみよう！　19

☆ 1 日のうちのどんな時間の会話ですか？
☆ Stefan さんは元気ですか？

数 字 2　20

13 から 19 までは -zehn で終わる。
13 をヒントにして 14 から 19 まで書いてみよう。（正解は 53 頁参照）

13 　dreizehn
14 ＿＿＿＿＿＿＿＿＿＿　15 ＿＿＿＿＿＿＿＿＿＿
16 ＿＿＿＿＿＿＿＿＿＿　17 ＿＿＿＿＿＿＿＿＿＿
18 ＿＿＿＿＿＿＿＿＿＿　19 ＿＿＿＿＿＿＿＿＿＿

曜 日　21

月　Montag　　火　Dienstag　　水　Mittwoch　　木　Donnerstag

金　Freitag　　土　Samstag（北ドイツでは Sonnabend）　　日　Sonntag

Heute ist Freitag.　　今日は金曜日です。

Morgen ist Samstag.　　明日は土曜日です。

22

Ich habe eine Schwester.

次に重要な動詞 haben・規則変化動詞

1 sein の次に重要な動詞　haben

haben *(= have)*

		単数		複数	
1人称		**ich** habe		**wir** haben	
2人称	親称	**du** hast		**ihr** habt	
	敬称	**Sie** haben			
3人称		**er / sie / es** hat		**sie** haben	

▌**Übung 1**　点線部に haben の定形を入れてみよう。文頭は大文字で書くこと。

1. Ich _ _ _ _ _ _ _ _ _ Hunger.　　　　私はお腹がすいてます（空腹を持っている）。

2. _ _ _ _ _ _ _ _ _ Sie jetzt Zeit?　　　今、お時間がありますか？

3. Er _ _ _ _ _ _ _ _ heute Arbeit.　　彼は今日、仕事があります。

4. Ich _ _ _ _ _ _ _ _ _ eine Schwester.　私には妹（姉）が一人います。

5. _ _ _ _ _ _ _ _ _ du Geschwister?　　きょうだいはいる？

2 語順 2

◾ 動詞の位置（**定形第 2 位**）以外は、日本語の語順とほぼ同じ。23

Klaus	**hat**	heute Abend	Arbeit.
クラウスは	持っている	今晩	仕事を

→クラウスは今晩仕事がある。

Heute Abend	**hat**	Klaus	Arbeit.
今晩	持っている	クラウスは	仕事を

→今晩クラウスは仕事がある。

◢ ja か nein で答えられる疑問文（決定疑問文）では、動詞が文頭にくる。

◢ 英語の *do, does* のような助動詞は不要。  24

    Hat Klaus heute Abend Arbeit? – Ja, er hat heute Abend Arbeit.

   ＊後ろを省略することはできない。× Ja, er hat.

◢ 疑問詞を使う疑問文は   疑問詞 ＋ 動詞 ＋ その他 ＋   ？

    Wann hat Klaus Arbeit?   いつ、クラウスは仕事がありますか？

    – Er hat heute Abend Arbeit.   彼は今日の夕方、仕事があります。

                          疑問詞→ 24 頁参照

3 規則変化動詞

◢ ドイツ語の動詞の多くは、語幹と語尾から成り、主語によって語尾が変化する。ほとんどの動詞は、不定形の最後が -en で終わる。

   例 **不定形**   wohnen   住む

    語幹   wohn   **語尾**   en

▌**Übung 2**   動詞を語幹と語尾に分け、表を完成させよう。

1. trinken   語幹 ＿＿＿＿＿   語尾 ＿＿＿   意味 ＿＿＿＿＿

2. kommen   語幹 ＿＿＿＿＿   語尾 ＿＿＿   意味 ＿＿＿＿＿

3. lernen   語幹 ＿＿＿＿＿   語尾 ＿＿＿   意味 ＿＿＿＿＿

		主語＼不定形	wohnen	trinken	kommen	lernen
単数	1人称	ich	wohne			lerne
	2人称	du		trinkst		lernst
	3人称	er / sie / es	wohnt			
複数	1人称	wir			kommen	
	2人称	ihr	wohnt			
	3人称	sie				lernen
敬称2人称 単・複		Sie	wohnen			

◢ 敬称 2 人称の Sie は、もともと 3 人称複数の sie を転用し、最初を大文字で書いたものなので、動詞の定形は 3 人称複数の sie の場合と同じ。

◢ 規則変化動詞の語尾の原則

		主語／不定形	語幹＋	en
単数	1人称	ich	語幹＋	e
	2人称	du	語幹＋	st
	3人称	er / sie / es	語幹＋	t
複数	1人称	wir	語幹＋	en
	2人称	ihr	語幹＋	t
	3人称	sie	語幹＋	en
敬称2人称　単・複		Sie	語幹＋	en

4 少し注意が必要な動詞　25

◢ 多くの動詞は語尾が -en であるが、-n だけの動詞もある。

angeln　釣りをする　　wandern　ハイキングをする　など

この場合、複数1・3人称の語尾は -en ではなく、-n となる。

wir angeln (×angelen)　　wir wandern (×wanderen)

また、不定形が -eln で終わる動詞は、ich が主語の場合、多くは語幹の e を省略する。

ich angle　または　ich angele

◢ 語幹が -d, -t で終わる動詞（arbeiten　働く　　finden　見つける　など）は、主語が du・3人称単数・ihr の場合、発音できるように語尾の前に e を入れる。

du arbeit**e**st (×arbeitst)　　er arbeit**e**t (×arbeitt)　　ihr arbeit**e**t (×arbeitt)

◢ 語幹が -s や -ß で終わる動詞 (heißen　〜という名前である　　reisen　旅行する　など) は、主語が du のとき、語尾が -st でなく、発音できるように -t となる。

du heiß**t** (×heißst)　　du reis**t** (×reisst)

▎Übung 3　次の文の動詞に下線を引き、その動詞の不定形を書こう。

1. Ich komme aus Okayama.　　　　私は岡山出身です。

2. Wie heißt du?　　　　　　　　　名前はなんというの？

3. Sie studiert in Deutschland Jura.　彼女はドイツで法学を勉強しています。

4. Ich angle nicht gern.　　　　　　私は釣りは好きではありません。

5. In Fukuoka arbeitet mein Bruder.　福岡では私の兄が働いています。

Übung 4　[　]の動詞を人称変化させて入れ、訳してみよう。

1. Ich ＿＿＿＿＿ gern* Tee.　　　　　　　[trinken]　　＊動詞 + gern
　　　　　　　　　　　　　　　　　　　　　　　　　　　　 〜するのが好き

2. ＿＿＿＿＿ Maria gut?　　　　　　　　　[singen]

3. Ich ＿＿＿＿＿ gern Tennis.　　　　　　 [spielen]

4. Mein Bruder und ich ＿＿＿＿＿ sehr gern.　[wandern]

5 否定文の作り方 1　26

◢ nicht を使う否定文

Ich liebe Klaus **nicht**.　　　　　　　　私はクラウスを愛してはいません。（全否定）

Ich liebe **nicht** Klaus, sondern Peter.　私が愛してるのは、クラウスではなく、ペーターです。（クラウスを否定）

Er ist **nicht** nett.　　　　　　　　　　彼は親切ではありません。（述語を否定）

😊 聴き取ってみよう！　27

会話を聴いて、次の文が正しければ R に、間違っていれば F にチェックを入れよう！

	R	F
1. Veronika ist neunzehn Jahre alt.	☐	☐
2. Veronika spielt gern Klavier.	☐	☐
3. Veronika spielt auch gern Tennis.	☐	☐
4. Veronika trinkt gern Sekt.	☐	☐

月　28

Januar　　Februar　　März　　April　　Mai　　Juni

Juli　　August　　September　　Oktober　　November　　Dezember

Ich bin im Juni geboren.　私は 6 月生まれです。

数字 3　29

20　zwanzig　　21 から 29 まで　日本語や英語と違い、1 の位から先に書く。

例えば 23 は dreiundzwanzig。29 まで書いてみよう。

Lektion 4

30

Was spricht man in Japan?

少し変わった変化をする動詞・命令形

1 du と 3 人称単数が主語のとき、語幹の母音が変化する動詞がある。

			a → ä 型 fahren	e → i 型 sprechen	e → ie 型 sehen
単数	1 人称	ich	fahre	spreche	sehe
	2 人称	du	fährst	sprichst	siehst
	3 人称	er/sie/es	fährt	spricht	sieht
複数	1 人称	wir	fahren	sprechen	sehen
	2 人称	ihr	fahrt	sprecht	seht
	3 人称	sie	fahren	sprechen	sehen
敬称 2 人称　単・複		Sie	fahren	sprechen	sehen

😀 **話してみよう！**　例にならい会話しよう。31

例：Was **spricht** man in *Japan*? － In *Japan* **spricht** man *Japanisch*.
日本では何語を話しますか？　　　　　日本では、日本語を話します。

＊ man　一般的な人を表す。3 人称単数扱い。　　Mann（男性・夫）とは別語。

Japan → Japanisch　　　Deutschland → Deutsch

Korea → Koreanisch　　　China → Chinesisch　　　Österreich → Deutsch

Frankreich → Französisch　　Italien → Italienisch

Übung 1　巻末の動詞の変化表を見て、動詞を人称変化させて入れ、訳してみよう。

1. Maria _____ morgen nach Deutschland.　　[fahren]

2. _ _ _ _ _ _ _ _ _ _ Klaus gern Fisch?   [essen]

2 さらに注意が必要な動詞　32

werden 〜になる　　　wissen （ある事柄を）知っている　　　nehmen *(take)*

			werden	wissen	nehmen
単数	1人称	ich	werde	weiß	nehme
	2人称	du	wirst	weißt	nimmst
	3人称	er/sie/es	wird	weiß	nimmt
複数	1人称	wir	werden	wissen	nehmen
	2人称	ihr	werdet	wisst	nehmt
	3人称	sie	werden	wissen	nehmen
敬称2人称	単・複	Sie	werden	wissen	nehmen

Übung 2　動詞を人称変化させて入れてみよう。

1. Was _ _ _ _ _ _ _ _ _ _ du in Zukunft?　　　[werden]　　　将来、何になるの？

2. Ich _ _ _ _ _ _ _ _ _ _ es noch nicht.　　　[wissen]　　　まだわかりません。

3. Sayaka _ _ _ _ _ _ _ _ _ _ einen Kaffee.　　　[nehmen]　　　サヤカはコーヒーを一杯注文します。

3 命令形　33

ドイツ語には2人称が3つ（Sie / du / ihr）あるので、命令形も3つの形がある。

	schlafen 眠る	lernen 学ぶ	sprechen 話す	essen 食べる	sein
Sie に対し	Schlafen Sie!	Lernen Sie!	Sprechen Sie!	Essen Sie!	Seien Sie …!
du に対し	Schlaf(e)!	Lerne!	Sprich!	Iss!	Sei …!
ihr に対し	Schlaft!	Lernt!	Sprecht!	Esst!	Seid …!

① 普通の間柄の相手（Sie で話しかける相手）への命令（依頼）は、原則として、疑問文と同じ形で語尾を下げ、疑問符（？）の代わりに感嘆符（！）をつける。bitte (= *please*) をつけることがある。

Essen Sie Fisch!	魚を食べてください！
Sprechen Sie **bitte** langsam!	ゆっくり話してください！
Sprechen Sie langsam, **bitte**!	
Bitte sprechen Sie langsam!	

② 親しい相手単数（du で話しかける相手）への命令は、主語を省き、動詞の語幹のみ、あるいは語幹に -e をつける。

Schlafe gut!	ゆっくりお休み！
Lerne Deutsch!	ドイツ語を勉強しなさい！

e → i(e) 型の不規則動詞の場合、語幹の音を変化させ、語幹の後の -e はつけない。

Vergiss den Schlüssel nicht!	鍵を忘れないで！	(du vergisst)
Iss mehr Fisch!	もっと魚を食べなさい！	(du isst)

＊a → ä 型の時は変音しない。

Fahr(e) langsam!	ゆっくり運転して！	(du fährst)

③ 親しい相手複数（ihr で話しかける相手）への命令は、主語を省き、動詞の語幹に -t をつける。

Schlaft gut, Kinder!	子供たち、ゆっくりお休み！
Esst mehr Fisch!	もっと魚をお食べ！

④ sein の命令形は特殊な変化をする。

Sei vorsichtig!	気をつけて！　（du に対して）
Seid vorsichtig!	気をつけて！　（ihr に対して）
Seien Sie vorsichtig!	気をつけてください！　（Sie に対して）

▌Übung 3　指示にしたがって、命令文を作ろう。

1. お客さんに　「コーヒーをお飲みください。」

2. 弟（1 人）に　「薬をのみなさい。」＊（薬などを）のむ　nehmen　＊薬　Medikamente

3. 犬２匹に 「ゆっくりお食べ！」

😀 話してみよう！　34

例にならい自己紹介してみよう。

例　Ich heiße *Anna*.
私の名前はアンナです。

Ich bin *21* Jahre alt.
（私は）21 歳です。

Ich bin *Studentin* und studiere *Betriebswirtschaft*.
（私は）大学生で、経営学を専攻しています。

Ich komme aus *Bern* und wohne jetzt in *München*.
（私は）ベルン出身で、今、ミュンヒェンに住んでいます。

Ich habe *eine Schwester und einen Bruder*.
姉（妹）と兄（弟）が一人ずついます。

Mein Hobby ist *Tennis spielen*.
趣味はテニスをすることです。

Ich bin im *Februar* geboren.
2 月生まれです。

Student　大学生（男）

Jura　　Handelswissenschaft　　Wirtschaftswissenschaft (Wiwi)
法学　　商学　　　　　　　　　　経済学（経済学の省略形）

eine Schwester　一人の姉／妹を　　Schwestern　複数

einen Bruder　　一人の兄／弟を　　Brüder　複数

Ich bin Einzelkind.　私は一人っ子です。

Ich habe keine Geschwister.　きょうだいはいません。

Fußball　　Baseball　　Basketball　　Volleyball　　spielen
サッカー　　野球　　　　バスケットボール　　バレーボールを　　する（= *play*）

Klavier　　Gitarre　　Flöte　　spielen
ピアノ　　　ギター　　フルートを　演奏する

Sport treiben　スポーツをする　Karaoke singen　カラオケを歌う　Einkaufen　買い物

35

Was ist das? – Das ist eine Katze.

名詞の性・定冠詞と不定冠詞（1 格）・疑問詞

1 名詞の性

ドイツ語の名詞には、無生物でも性がある。男性名詞・女性名詞・中性名詞
複数になると性の区別は消失する。性によって冠詞も違う！

	男性	女性	中性	複数
不定冠詞 (a, an)	ein Hund	eine Katze	ein Buch	Bücher
定冠詞 (the)	der Hund	die Katze	das Buch	die Bücher

名詞を覚えるときは、性も一緒に記憶すること！
覚え方としては、**定冠詞をつけて覚える**のがよい。不定冠詞は、男性の場合も中性の
場合も ein だから区別できない…

ein ＜ ＋ 男性名詞
　　　　＋ 中性名詞

der ＋ 男性名詞
die ＋ 女性名詞　　　die ＋ 複数名詞
das ＋ 中性名詞

eine ＋ 女性名詞

Übung 1 単語の性を推理して、点線部に定冠詞を入れてみよう。

1. .... Sonne　太陽
2. .... Mond　月
3. .... Mädchen　少女
4. .... Junge　少年
5. .... Computer　コンピュータ
6. .... Tasche　カバン、ポケット
7. .... Leben　命、人生
8. .... Winter　冬
9. .... Zeitung　新聞
10. .... Freiheit　自由

a) 語尾によって判断できるものがある。-chen 中性、-ung　-keit　-heit 女性　など
b) 動詞をそのまま語頭を大文字にして名詞にしたものは中性。leben → Leben
　　lesen（読む）→ Lesen（読書）　など
c) 自然の性があるものは、ほとんどそれに一致する。Student　Studentin　Junge　など

2 定冠詞と不定冠詞　36

A　定冠詞：特定のものを示す。

① Wo ist **der Bahnhof**?　　駅はどこですか？

どの駅なのか、話し手にも聞き手にもわかっている。

② Ich sehe ein Gebäude. **Das Gebäude** ist groß.　建物が見える。その建物は大きい。

先行する文によって、どの建物なのか特定できる。

③ **Die Erde** ist rund.　　地球は丸い。

世界に 1 つしかないもの。

B　不定冠詞：数えられるものが 1 つで、不特定であることを示す。初めて話題にのぼるもの。

① **Eine Frau** wohnt hier. Sie ist Pianistin.　ある（1 人の）女の人がここに住んでいる。彼女はピアニストだ。

＊注意　英語と異なり、職業、国籍などを表すときは、無冠詞。
　　Ich bin Student. (×Ich bin ein Student.)

② **Ich habe eine Frage.**　質問が（1 つ）あります。

Übung 2　例にならい、質問に答えよう。

例　Was ist das? – Das ist *ein Kuli*.　　　　　　　　　Kuli　男
　　これは何？　　　　これはボールペンです。

　　＊この das は中性の定冠詞ではなく、これ、それ、という意味の指示代名詞。

1. Was ist das?　　– Das ist _ _ _ _ _ _ _ _ _ _ _ _ _ _ _

2. Was ist das?　　– Das ist _ _ _ _ _ _ _ _ _ _ _ _ _ _ _

3. Was ist das?　　– Das ist _ _ _ _ _ _ _ _ _ _ _ _ _ _ _

4. Was ist das?　　– Das ist _ _ _ _ _ _ _ _ _ _ _ _ _ _ _

Übung 3　例にならい、点線部に定冠詞を、カッコには人称代名詞を、二重下線部には、下の語群から適当なものを選んで入れてみよう。

例　Wie ist *der* Kuli?　　　　　– (*Er*) ist praktisch.
　　そのボールペンはどうですか？　　実用的です。

1. Wie ist _ _ _ _ _ _ _ _ Computer?　　– (　　) ist _____.

23

2. Wie ist .... Katze?　　　– (　) ist ＿＿＿＿＿＿.

3. Wie ist .... Hund?　　　– (　) ist ＿＿＿＿＿＿.

4. Wie ist .... Buch?　　　– (　) ist ＿＿＿＿＿＿.

5. Wie sind .... Bücher?　　– (　) sind ＿＿＿＿＿＿.

billig 安い　schön きれいな　komisch おかしな　süß かわいい

praktisch 実用的な　unpraktisch 非実用的な

klein 小さい　groß 大きい　teuer 高価な　schwierig 難しい

3 疑問詞　37

wie　どんな？　　Wie heißen Sie?　　　　– Ich heiße Sayaka Fujita.
　　　　　　　　　お名前は何ですか？　　　　（私は）藤田さやかといいます。

was　何？　　　　Was ist das?　　　　　　– Das ist ein Deutschlehrbuch.
　　　　　　　　　これは何？　　　　　　　　ドイツ語の教科書です。

wo　どこ？　　　　Wo wohnen Sie?　　　　– Ich wohne in Okayama.
　　　　　　　　　（あなたは）どこに住んでいますか？　（私は）岡山に住んでいます。

woher　どこから？　Woher kommen Sie?　　　– Ich komme aus Ehime.
　　　　　　　　　（あなたは）どこのご出身ですか？　（私は）愛媛の出身です。

wer　誰？　　　　Wer ist die Dame?　　　　– Sie ist meine Deutschlehrerin.
　　　　　　　　　そのご婦人は誰ですか？　　　　（彼女は）私のドイツ語の先生です。

wann　いつ？　　Wann haben Sie Zeit?　– Ich habe morgen Zeit.
　　　　　　　　　（あなたは）いつ時間がありますか？　（私は）明日、時間があります。

warum　なぜ？　　Warum spricht sie so gut Deutsch?
　　　　　　　　　どうして彼女はそんなに上手くドイツ語を話すの？
　　　　　　　　　– Sie lernt jeden Tag Deutsch.
　　　　　　　　　　彼女は毎日ドイツ語を勉強しています。

wie viel　wie viele　いくつの？　どのくらいの？　何人の？

　　　　　　　　　Wie viele Geschwister haben Sie?
　　　　　　　　　（あなたは）何人のきょうだいがいますか？
　　　　　　　　　– Ich habe zwei Schwestern und drei Brüder.
　　　　　　　　　　２人の姉（妹）と３人の兄（弟）がいます。

😊 **話してみよう！**　隣の人に尋ねてみよう。38

1. Wie heißen Sie?
2. Was studieren Sie?
3. Woher kommen Sie?
4. Wo wohnen Sie?
5. Was ist Ihr Hobby?
6. Haben Sie Geschwister?

数字 4　39

30、40、50、60、70、80、90 も zwanzig 同様、原則として -zig で終わる。
40 を参考にして、残りの数字はどうなるか書いてみよう。

30 ---------　40 __vierzig__　50 ----------　60 ----------

70 ----------　80 ----------　90 ----------

52 は、zweiundfünfzig

　2 (zwei) と (und) 50 (fünfzig)

次の数字を書いてみよう。

51 -----------------------　34 ------------------------

67 -----------------------　76 ------------------------

89 -----------------------　93 ------------------------

体の部位　定冠詞を入れてみよう。40

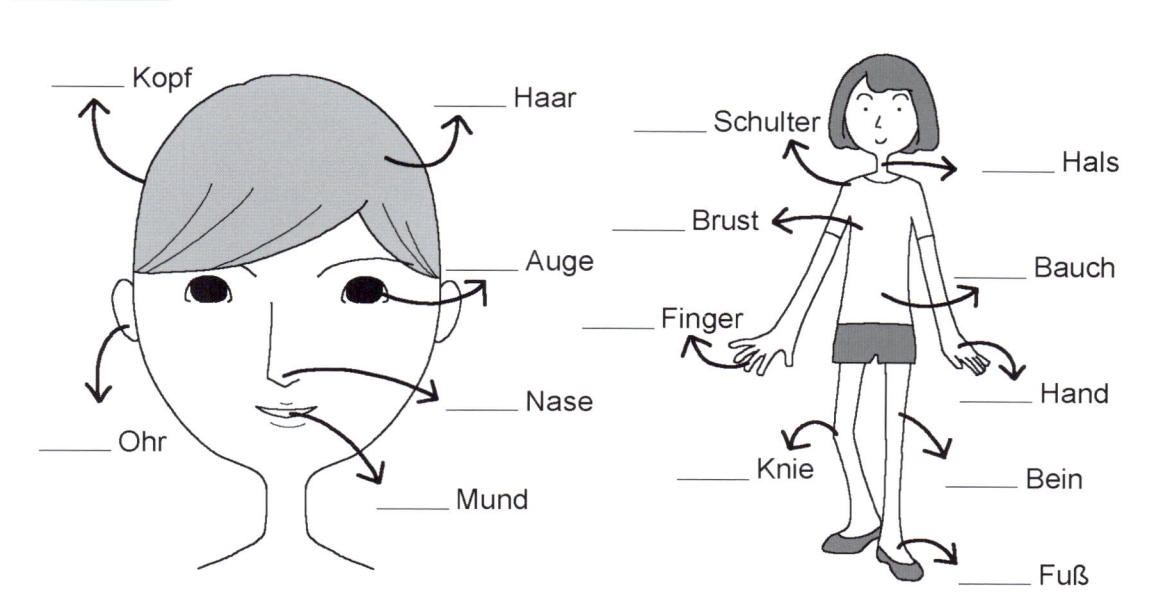

____ Kopf
____ Haar
____ Auge
____ Nase
____ Ohr
____ Mund

____ Schulter
____ Hals
____ Brust
____ Bauch
____ Finger
____ Hand
____ Knie
____ Bein
____ Fuß

Lektion 6

41

Ich kenne den Mann.
冠詞・冠詞類の格変化（主に 1・4 格）

1 格で意味をとる！

◾ 日本語では格助詞（〜は、〜が、〜の、〜を　等）で意味をとるが、ドイツ語では、主に冠詞が（一部は名詞も）変化することで意味をとる。これを**格変化**という。

◾ 定冠詞の格変化　　英語の *the* にあたる。全て d- で始まる。

	男性	女性	中性	複数
1 格　〜は	der Hund	die Katze	das Kind	die Kinder
2 格　〜の	des Hund(e)s	der Katze	des Kind(e)s	der Kinder
3 格　〜に	dem Hund	der Katze	dem Kind	den Kindern
4 格　〜を	den Hund	die Katze	das Kind	die Kinder

男性名詞以外は 1 格と 4 格の定冠詞は同じ。

1 格　Der Hund heißt Lumpi.　　　　　その犬はルンピといいます。

4 格　Der Lehrer liebt den Hund sehr.　その先生はその犬をとても愛しています。

◾ 不定冠詞の格変化　　英語の *a, an* にあたる。もともと「1 つの」という意味。

	男性	女性	中性	複数
1 格　〜は	ein Hund	eine Katze	ein Kind	Kinder
2 格　〜の	eines Hund(e)s	einer Katze	eines Kind(e)s	Kinder
3 格　〜に	einem Hund	einer Katze	einem Kind	Kindern
4 格　〜を	einen Hund	eine Katze	ein Kind	Kinder

男性名詞以外は 1 格と 4 格の不定冠詞は同じ。

1 格　Dort schläft ein Hund.　　あそこで犬が 1 匹寝ています。

4 格　Ich habe einen Hund.　　私は犬を 1 匹飼っています。

Übung 1　日本語に合うように、1格か4格の定冠詞または不定冠詞を入れよう。

1. Kennst du _ _ _ _ _ _ _ Mann da?　　あそこにいる男の人、知ってる？

2. Klaus liebt _ _ _ _ _ _ _ Studentin.　　クラウスはある女子大学生を愛しています。

3. Aber _ _ _ _ _ _ _ Studentin kennt Klaus nicht.　だが、その女子大学生はクラウスのことを知りません。

4. Kaufen Sie _ _ _ _ _ _ _ Auto?　　その車を買うのですか？

2　定冠詞類　定冠詞と同じ語尾をとる。42 ▨

◢ 男性1格の形　dies**er** この　welch**er** どの？　jed**er** どの〜も　all**er** すべての　など

◢ **dieser** の変化

		男性	女性	中性	複数
1	〜は	dies**er** Hund	dies**e** Katze	dies**es** Buch	dies**e** Bücher
2	〜の	dies**es** Hund(e)s	dies**er** Katze	dies**es** Buch(e)s	dies**er** Bücher
3	〜に	dies**em** Hund	dies**er** Katze	dies**em** Buch	dies**en** Büchern
4	〜を	dies**en** Hund	dies**e** Katze	dies**es** Buch	dies**e** Bücher

Übung 2　jeder の変化を書いてみよう。＊ jeder の後ろの名詞は単数

		男性	女性	中性
1	〜は	jeder Hund	jede Katze	jedes Buch
2	〜の			
3	〜に			
4	〜を			

Übung 3　次の文の下線部に語尾を入れ、訳してみよう。

1. Wer kauft dies＿＿ Tasche?

2. Jed＿＿ Kind bekommt ein Geschenk.

3　不定冠詞類　不定冠詞と同じ語尾変化をする。43 ▨

◢ 所有冠詞　〜の

人称代名詞　〜は	ich	du	er	sie	es	wir	ihr	sie	Sie
所有冠詞　　〜の	**mein**	**dein**	**sein**	**ihr**	**sein**	**unser**	**euer**	**ihr**	**Ihr**

	男性	女性	中性	複数
1格　〜は	kein　　Bruder	keine Schwester	kein　　Buch	keine　Bücher
2格　〜の	keines Bruders	keiner Schwester	keines Buch(e)s	keiner Bücher
3格　〜に	keinem Bruder	keiner Schwester	keinem Buch	keinen Büchern
4格　〜を	keinen Bruder	keine Schwester	kein　　Buch	keine　Bücher

不定冠詞類の後ろに複数名詞がくるときは、定冠詞と同じ語尾変化をする。

▌**Übung 4**　格変化させてみよう。

1格	Ihr Vater	seine Mutter	unser Lehrer	keine Kinder
2格				
3格				
4格				

＊注意　unser　euer の -er は語尾ではない！

４　否定文の作り方２

■ 無冠詞の名詞や不定冠詞のついた名詞を否定する時は kein- を使う。それ以外は nicht を使う。

😊 **話してみよう！**　　聞かれた人は、否定文で答えてみよう。

例　Haben Sie Fieber? – Nein, ich habe *kein* Fieber.

女性	keine	Zeit	時間、暇		
中性	kein	Geld	お金	Fieber	熱
男性	keinen	Hunger	空腹		
		Durst	喉の乾き		
複数	keine	Kopfschmerzen	頭痛		

▌**Übung 5**　例にならい、否定文で答えてみよう。

例　Sind sie jung? – Nein, sie sind *nicht* jung.

1. Hat Maiko eine Schwester?　　　2. Wohnen Sie in Tottori?

3. Ist das Lehrbuch teuer?　　　4. Spielen alle Deutschen Fußball?

Übung 6　日本語に合うように、単語を補ってみよう。

1. Am Wochenende besuchen _ _ _ _ _ _ _ _ _ Mutter und ich den Großvater.

　　週末、私の母と私は、祖父を訪問します。

2. Das Kind hat _ _ _ _ _ _ _ _ Fieber.　　その子は熱はありません。

3. Wo arbeitet _ _ _ _ _ _ _ _ Vater?　　（あなたの）お父様はどこで働いておられるのですか？

 **聴き取ってみよう！**　　サヤカと先生の会話を聴いて、以下の問いに答えよう。

1. Hat Sayaka einen Freund?
2. Hat Sayaka Geschwister?
3. Hat der Lehrer Geschwister?

44

体の不調を訴える　45

Ärztin / Arzt
（女性）医師　（男性）医師

Zahnärztin / Zahnarzt
（女性）歯医者　（男性）歯医者

Krankenpflegerin / Krankenpfleger
（女性）看護師　（男性）看護師

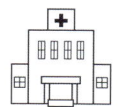
Krankenhaus　中
病院

Apotheke　女
薬局

Ich habe　　Fieber　熱 /　　Kopfschmerzen　頭痛 /　　Zahnschmerzen　歯痛

Ich habe　　Magenschmerzen　胃痛 /　Durchfall　下痢 / Husten　咳

Ich habe　　Grippe　インフルエンザ / eine Erkältung　風邪 / eine laufende Nase　鼻水が出る

46

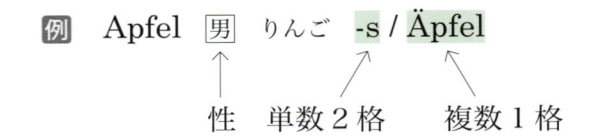

Ich möchte zwei Orangen und fünf Äpfel.

名詞の性・複数形・２格と３格の用法・非人称の es

1 辞書の見方

例　Apfel　男　りんご　-s / Äpfel

性　単数２格　複数１格

Übung 1　単語の意味と複数１格を調べ、複数の定冠詞をつけて格変化させよう。

1. Hut	2. Bruder	3. Tante	4. Onkel	5. Kind
6. Mund	7. Orange	8. Haar	9. Mantel	10. Auto
11. Ohr	12. Buch	13. Lehrer	14. Student	15. Studentin

2　名詞の複数形は、語尾によって５種類に分類される。

■ Übung 1 の名詞が下の表のどこにあてはまるか、分類してみよう。

	ウムラウトしない	ウムラウトする
無語尾		
–er		
–e		
–(e)n		
–s		

* -in をつけて女性形を表す名詞の複数形は、-en ではなくて -nen をつける。

Lehrerin → Lehrerinnen　　Ärztin → Ärztinnen

これは、-in の音が短音であることを示すため。

😊 **話してみよう！** 47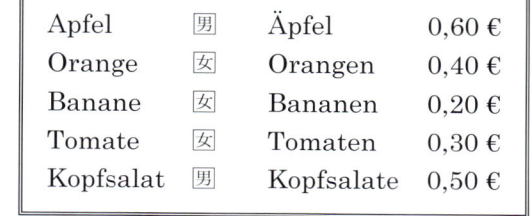

Apfel	男	Äpfel	0,60 €
Orange	女	Orangen	0,40 €
Banane	女	Bananen	0,20 €
Tomate	女	Tomaten	0,30 €
Kopfsalat	男	Kopfsalate	0,50 €

例にならい、会話してみよう。

* Ich möchte ＋ 4 格　〜が欲しいのですが。
→ 48 頁参照。

例

A: Sie wünschen?　何にしましょうか？

B: Ich möchte einen Apfel und drei Orangen.

A: Das macht 1,80 € (einen Euro achtzig).

1. eine Orange und einen Kopfsalat
2. drei Bananen und fünf Tomaten
3. vier Tomaten und drei Äpfel

3　**2 格の用法** 48

🔺 2 格は通常、後ろから前の名詞を修飾するので、語順に注意！

　Der Schwanz des Hundes ist sehr kurz.　その犬の尻尾はとても短いです。

多くの男性・中性名詞の 2 格は、名詞の後ろに -s または -es がつく。

4　**男性弱変化名詞** 49

🔺 男性名詞の 2 格は名詞の後ろに -s または -es がつくが、それがつかず、代わりに弱い語尾 -(e)n をつけるものがある。その場合、単数の 3・4 格も複数も -(e)n をつける。これを男性弱変化名詞という。

例　**der Student**　-en / -en

単数	複数
der Student	die Studenten
des Studenten	der Studenten
dem Studenten	den Studenten
den Studenten	die Studenten

ein Junge 少年 -n / -n

単数	複数
ein Junge	Jungen
eines Jungen	Jungen
einem Jungen	Jungen
einen Jungen	Jungen

他の例：Mensch　人間　-en / -en　　　Komponist　作曲家　-en / -en
　　　　Affe　猿　-n / -n

Kennen Sie den Studenten dort?　その大学生を知っていますか？

Übung 2　日本語に合う文となるように、2 格の定冠詞または不定冠詞を入れよう。

1. Kennen Sie den Vater _ _ _ _ _ _ _ _ _ Mädchens?　その女の子のお父さんを知っていますか？

2. Hier wohnt die Tochter _ _ _ _ _ _ _ _ _ Autors.　ここにある作家の娘が住んでいます。

3. Der Vater _ _ _ _ _ _ _ _ _ Jungen ist Schauspieler.　その男の子のお父さんは俳優です。

5　3 格を目的語にとる動詞の例　50

gehören　〜のものである　　helfen　〜を助ける、手伝う　　gefallen　〜の気に入る

Der Ball gehört dem Hund.　　そのボールはその犬のものです。
Die Wohnung gefällt mir gut.　その住まいは（私の）気に入りました。

＊ mir は ich の 3 格

Übung 3　点線部に 3 格の定冠詞、または不定冠詞を入れてみよう。

1. Ich helfe _ _ _ _ _ _ _ _ _ Deutschlehrerin.　私はその（女の）ドイツ語の先生を手伝う。

2. Das Lehrbuch gehört _ _ _ _ _ _ _ _ _ Studentin.　その教科書は、ある大学生（女）のものです。

3. Ich gebe _ _ _ _ _ _ _ _ _ Jungen fünf Euro.　私はその少年に 5 ユーロあげます。

6　非人称の es　51

①　時刻・天候など

Es ist schon elf Uhr zwanzig.　もう 11 時 20 分です。
Es ist heute heiß / kalt.　　　今日は暑い／寒いです。
Es ist sonnig / wolkig.　　　　いい天気だ／曇りだ。
Es regnet / schneit.　　　　　　雨が降る（降っている）／雪が降る（降っている）。

②　es gibt ＋ 4 格　〜がある、存在する *(There is 〜, There are 〜)*

＊ gibt が動詞　不定形　geben

In Deutschland **gibt** es etwa 400 Universitäten und Hochschulen.
ドイツには約 400 の総合大学と単科大学があります。

Übung 4　次の質問に答えてみよう。

1. Gibt es eine Buchhandlung in Ihrer Stadt?
2. Gibt es einen Flughafen in Ihrer Stadt?

3. Wie viele Universitäten gibt es in Ihrer Stadt?

4. Ist es heute heiß?

7 否定疑問文への答え方 52

◢ 普通の決定疑問文には、ja か nein で答える。

Haben Sie Zeit? – Ja, ich habe Zeit. / Nein, ich habe keine Zeit.

◢ nicht や kein のついた疑問文（〜ではないのですか？）には doch（そんなことはありません）
か nein で答える。

Haben Sie keine Zeit? （あなたは）時間がないのですか？

– Doch, ich habe Zeit. / Nein, ich habe keine Zeit.
いいえ、時間があります。　　　はい、時間がないのです。

Ist das nicht Ihr Buch? これはあなたの本ではないのですか？

– Doch, das ist mein Buch. / Nein, das ist nicht mein Buch.
いいえ、私の本です。　　　　　　はい、私の本ではありません。

😀 話してみよう！ 隣の人に聞いてみよう。 53

1. Haben Sie keine Uhr?
2. Wohnen Sie nicht in Osaka?
3. Gibt es kein Kino in Ihrer Stadt?

数字 5 54

| 100 | (ein)hundert | 213 | zweihundert(und)dreizehn |
| 1000 | (ein)tausend | 1980 | (ein)tausendneunhundert(und)achtzig |

年号の場合、1099 年までは基数と同じように読み、1100〜1999 年は真ん中で切
り、-hundert を入れる。

1492　vierzehnhundertzweiundneunzig

1990　neunzehnhundertneunzig

2000 年以降は基数と同じ読み方

2018　zweitausendachtzehn

Ich bin im März 2008 in Okayama geboren.
私は 2008 年 3 月に岡山で生まれました。

＊年号の前には前置詞はいらない。im Jahr 2008 という表現もある。

55

Ich finde ihn sympathisch.
Ich gehe mit ihm ins Kino.
人称代名詞・前置詞

1 人称代名詞も格変化する。

1格 〜は	ich	du	er	sie	es	wir	ihr	sie	Sie
3格 〜に	mir	dir	ihm	ihr	ihm	uns	euch	ihnen	Ihnen
4格 〜を	mich	dich	ihn	sie	es	uns	euch	sie	Sie

＊2格は初級ではあまり使わないので割愛する。

Übung 1 下線部を人称代名詞の3格または4格にしよう。

1. Jürgen liebt Sayaka. 　　　ユルゲンはサヤカを愛しています。
2. Sayaka liebt Klaus. 　　　サヤカはクラウスを愛しています。
3. Er schenkt Sayaka einen Ring. 　彼はサヤカに指輪を贈ります。

◾3格と4格の語順
　両方とも名詞の場合は、3格 → 4格の順
　　Jürgen schenkt Sayaka den Ring.　　ユルゲンはサヤカにその指輪を贈ります。
　　　　　　　　3格　　　4格
　片方が代名詞の場合は、代名詞が先にくる。
　　Jürgen schenkt ihr den Ring.　　Jürgen schenkt ihn Sayaka.
　　ユルゲンは彼女にその指輪を贈る。　　ユルゲンはそれを、サヤカに贈ります。
　両方とも代名詞の場合は、4格 → 3格の順
　　Jürgen schenkt ihn ihr.　　　　ユルゲンはそれを彼女に贈ります。

Übung 2 適切な人称代名詞を入れよう。

1. Bitte helfen Sie _ _ _ _ _ _ _ _ _ _. 　　　私を手伝ってください。

2. Ich liebe _ _ _ _ _ _ _ _ _ _. 　　　僕は君を愛している。

3. Der Tourist fragt _ _ _ _ _ _ _ _ _ _ nach dem Weg. 　その旅行者は、彼女に道を尋ねます。

例　Wie finden Sie *das Portmonee*? – Ich finde (*es*) billig.

（あなたは）その財布をどう思いますか？　　（私は、それを）安いと思います。

1. Wie finden Sie _____ _____?

   – Ich finde (　　　　) _____.

2. Wie finden Sie _____ _____?

   – Ich finde (　　　　) _____.

3. Wie finden Sie _____ _____?

   – Ich finde (　　　　) _____.

4. Wie finden Sie _____ _____?

   – Ich finde (　　　　) _____.

5. Wie finden Sie _____ _____?

   – Ich finde (　　　　) _____.

女　Brille　メガネ　　Hose　ズボン　　中　Hemd　シャツ　　Portmonee　財布

男　Pulli　セーター　　Rock　スカート

形容詞　teuer　高価な　　praktisch　実用的な　　unpraktisch　非実用的な

komisch　おかしな　　schön　きれいな　　gut　良い

zu klein　小さすぎる　　zu groß　大きすぎる

◢ ihr の復習　57

①　人称代名詞　2人称親称複数（du の複数 ＝ 親しい相手複数）の1格

　　Habt **ihr** heute Zeit?　　（君たち）今日、時間ある？

②　3人称女性単数・3人称複数を受ける所有冠詞

　　最初が大文字なら、敬称2人称の所有冠詞　　　語尾変化する！

　　Sayaka hat eine Katze. Aber sie gefällt **ihrem** Freund nicht.

　　サヤカは猫を飼っています。でも、その猫は彼女の恋人の気に入りません。

　　Sabine und Thomas sind meine Cousins. Die Schwester meines

　　Vaters ist **ihre** Mutter.

　　ザビーネとトーマスは私のいとこです。私の父の姉が、彼らの母親です。

③　人称代名詞　3人称女性単数 sie の3格

　　Das ist meine Freundin. Ich schenke **ihr** einen Ring.

　　これは私の恋人です。私は彼女に指輪を贈ります。

2 前置詞 58

■文中の名詞には格がある。前置詞の後ろにくる名詞は何格になるか決まっている。

■2格の名詞をとるもの（2格支配）

statt ～のかわりに　trotz ～にもかかわらず　während ～の間（期間）
wegen ～のせいで（原因・理由）など

Während des Sommers bleiben wir in Hokkaido.
夏の間、私たちは北海道にいます。

■3格の名詞をとるもの（3格支配）

aus ～から　bei ～で *(at)*　mit ～とともに *(with)*
zu ～へ *(to)*　nach ～へ・～の後　seit ～以来 *(since)*　von ～の *(of)*　など

Nach der Arbeit trinken wir Kaffee.　仕事のあと、私たちにコーヒーを飲みます。

Er fährt **mit dem Auto nach** Osaka.　彼は車で大阪に行きます。

■4格の名詞をとるもの（4格支配）

um ～のまわりに　für ～のために（目的）　durch ～を通って　gegen ～に対して
ohne ～なしで　など

Ich gehe nicht **ohne dich**.　　　　　僕は君なしでは行かない。

Rotkäppchen geht **durch den Wald**.　赤ずきんちゃんは森を通って行く。

■次の9つの前置詞は、場所を表すときは3格、移動の方向を表すときは4格

an *(at)*　auf ～の上　in ～の中　vor ～の前　hinter ～のうしろ
neben ～の横　über ～の上方　unter ～の下　zwischen ～の間

Wir essen immer in **der Mensa**.　私たちはいつも学生食堂で食べます。

Gehen wir in **die Mensa**!　学生食堂に行こう！　＊動詞の不定形＋wir　～しよう！

■前置詞と定冠詞が融合することがある。

an dem → am　　an das → ans　　in dem → im　　in das → ins
von dem → vom　　zu dem → zum　　zu der → zur　など

Gehen wir heute **ins** Kino!　　　今日、映画に行こう！

▌Übung 3　文意に合うよう、下の前置詞か前置詞と定冠詞の融合形を入れてみよう。

1. _____ April 2013 lebe ich _____ dieser Stadt.

　2013 年 4 月以来、私はこの町に住んでいます。

2. Ich fahre _____ dem Fahrrad _____ Uni.

　私は自転車で大学に行きます。

3. Gehen wir _____ Café!　喫茶店に行こう！

mit	seit	in	zur	an	ins

音声を聴いて前置詞を書き入れ、図のどこに何の建物があるか書き入れてみよう。

Das Hotel ist _ _ _ _ _ _ _ _ _ dem Bahnhof.

Der Sportpark ist _ _ _ _ _ _ _ _ _ dem Hotel und der Schule.

Die Bank ist _ _ _ _ _ _ _ _ _ dem Café und das Café ist _ _ _ _ _ _ _ _ _ dem Sportpark.

時刻の表現 60 ▦

◤ Wie spät ist es? 何時ですか？ – Es ist 〜.

1:00 Uhr (ein Uhr) Es ist eins. とも	8:12 Uhr (acht Uhr zwölf)

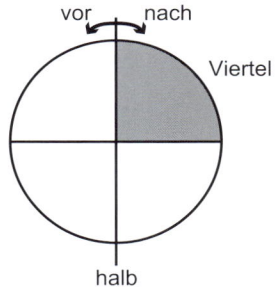

〜半の表現
2:30 Uhr (zwei Uhr dreißig)
halb drei

〜分過ぎ
6:05 Uhr (sechs Uhr fünf)
fünf **nach** sechs

〜分前
11:50 Uhr (elf Uhr fünfzig)
zehn **vor** zwölf

15分 Viertel
7:45 Uhr (sieben Uhr fünfundvierzig)
Viertel vor acht / drei Viertel acht

9:15 Uhr (neun Uhr fünfzehn)
Viertel nach neun / (ein) Viertel zehn

◤ 24時間制の場合、halb, vor, nach, Viertel の表現は使えない。

20:13 Uhr
zwanzig Uhr dreizehn

19:30 Uhr
neunzehn Uhr dreißig

😊 **時刻を聴き取ってみよう！** 61 ▦

1.   2.   3.

62

Schneewittchen ist schöner als die Königin.

形容詞と副詞の用法　比較級・最上級

🔖 比較級は原級（元の形）に -er を、最上級は -(e)st をつける。1 音節の形容詞は、ウムラウトすることが多い。

原級	klein 小さい	groß 大きい	alt 古い	jung 若い	schön 美しい
比較級	kleiner	größer	älter	jünger	schöner
最上級	kleinst	größt	ältest	jüngst	schönst

🔖 不規則な変化をするもの

原級	gut 良い	viel 多くの	hoch 高い	gern 好んで
比較級	besser	mehr	höher	lieber
最上級	best	meist	höchst	liebst

1　〜と同じくらい〜　　so ＋ 原級 ＋ wie　　63

Die Schweiz ist ungefähr so **groß** wie Kyushu.
スイスはだいたい九州と同じ大きさです。

2　〜より〜　　比較級

Österreich ist größer **als** die Schweiz.　　オーストリアはスイスより大きい。
Ich trinke lieber Bier **als** Wein.　　私はワインよりビールが好きです。

3　一番〜　　最上級　　定冠詞 ＋ 最上級（語尾がつく）　　あるいは　　**am 〜sten**

Welche Universität ist die älteste in Europa?　ヨーロッパで一番古い大学はどれ？
Die Zugspitze ist am höchsten unter den Bergen in Deutschland.
ツークシュピッツェは、ドイツの山の中で一番高い。

　主語の性質を複数の状況の中で比較し、「一番〜」という場合、am 〜sten を使う。
　Miyajima ist im Oktober am schönsten.　　宮島は、10月が一番美しい。

4 副詞の最上級は　am 〜sten

Der Gepard läuft **am schnellsten**.　　　チータが一番速く走る。

＊ドイツ語の形容詞は、そのままで副詞となる。schnell　速い（形容詞）、速く（副詞）

Ich trinke **am liebsten** Weißwein.　　　白ワインが一番好きです。

😊 **聴き取ってみよう！**　　64

1. Klaus ist (　　　　　) Jahre alt. Jan ist (　　　　　) als Klaus. Dirk ist

   (　　　　　). Ist Jan (　　　　　) als Dirk?

2. Die Königin ist sehr (　　　　　). Aber Schneewittchen bei den (　　　　　)

   Zwergen ist noch tausendmal (　　　　　) als die Königin. Und Helena ist

   am (　　　　　).

5 慣用表現　　65

◀immer ＋ 比較級　　ますます〜

　Alles wird **immer teurer**.　　　　　なんでもますます高くなる。

◀je ＋ 比較級, desto ＋ 比較級　　〜すればするほど〜

　Je billiger, **desto** besser.　　　　　安ければ安いほど良い。

Übung 1　下の形容詞を適切に変化させて入れよう。

1. Liechtenstein ist (　　　　　) als die Schweiz.

2. Der Vatikan ist am (　　　　　) in der Welt.

3. Okinawa hat ungefähr so (　　　　　) Einwohner wie Shiga.

4. Der Mont Blanc ist (　　　　　) als die Zugspitze.

> groß　　klein　　viel　　hoch

6 形容詞の用法　　66

① 述語として

　Die Katze ist **klein**.　　　その猫は小さい。

② 名詞を修飾する付加語として　　　語尾変化する！

　Da ist eine **kleine** Katze.　　　そこに小さな猫がいます。

■ 定冠詞（類）＋ 形容詞 ＋ 名詞

	男性	女性	中性	複数
1格	der kleine Hund	die kleine Katze	das kleine Haus	die kleinen Kinder
2格	des kleinen Hund(e)s	der kleinen Katze	des kleinen Hauses	der kleinen Kinder
3格	dem kleinen Hund	der kleinen Katze	dem kleinen Haus	den kleinen Kindern
4格	den kleinen Hund	die kleine Katze	das kleine Haus	die kleinen Kinder

Der kleine Hund heißt Natsu.　その小さな犬はナツという名前です。

> 5カ所で -e
> それ以外は -en

■ 不定冠詞（類）＋ 形容詞 ＋ 名詞

	男性	女性	中性	複数
1格	ein kleiner Hund	eine kleine Katze	ein kleines Haus	meine kleinen Kinder
2格	eines kleinen Hund(e)s	einer kleinen Katze	eines kleinen Hauses	meiner kleinen Kinder
3格	einem kleinen Hund	einer kleinen Katze	einem kleinen Haus	meinen kleinen Kindern
4格	einen kleinen Hund	eine kleine Katze	ein kleines Haus	meine kleinen Kinder

Ich kaufe **ein kleines Haus**.　私は小さな家を買います。

> 5カ所以外は -en

■ （冠詞なし）形容詞 ＋ 名詞

	男性	女性	中性	複数
1格	roter Wein	gute Milch	helles Bier	gute Weine
2格	roten Weins	guter Milch	hellen Biers	guter Weine
3格	rotem Wein	guter Milch	hellem Bier	guten Weinen
4格	roten Wein	gute Milch	helles Bier	gute Weine

Hier kann man **gute Weine** kaufen.　ここでは良いワインを買えます。

> 2カ所以外は、定冠詞類と
> 同じ語尾をつける。

▌Übung 2　下線部に語尾を入れ、訳してみよう。

1. Der Arzt wohnt in einer klein____ Stadt.

2. Ich trinke gern rot____ trocken____ Wein.

3. Meine älter____ Schwester hat schon zwei klein____ Kinder.

4. Gut____ Anfang ist halb____ Arbeit.

5. Die schwarz____ Katze gefällt ihrem neu____ Freund gut.

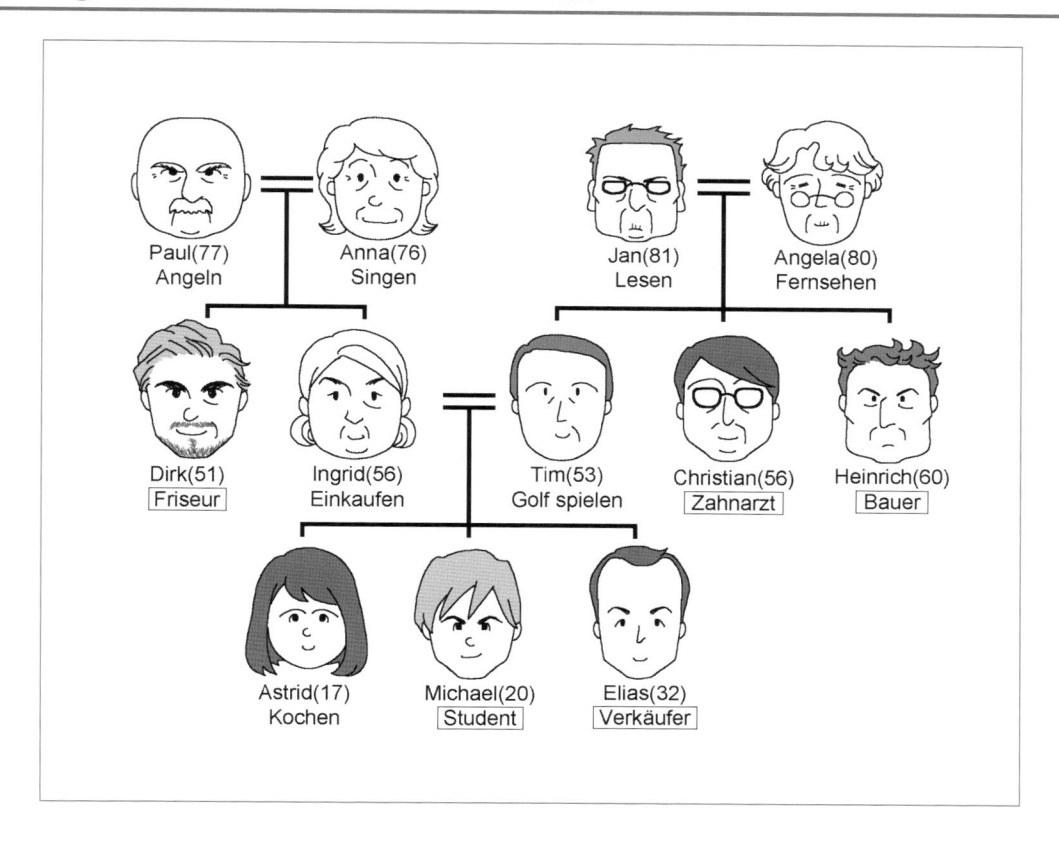

1. Ist Michael älter als sein Bruder?
2. Wie viele Tanten und Onkel hat Michael?
3. Wer ist der älteste von den drei Söhnen von Angela?

 **話してみよう！**　68

例にならい、Michael になったつもりで、次の人々を紹介してみよう。

例　Ingrid

Das ist meine Mutter.
Sie heißt Ingrid.
Sie ist 56 Jahre alt.
Ihr Hobby ist Einkaufen.

1. Jan　　　　　2. Astrid　　　　　3. Dirk

41

69

Ich stehe immer um 6 Uhr auf.
未来表現・分離動詞・非分離動詞

1 未来表現

◤ werden の用法

werden はもともと「～になる」という意味の動詞。人称変化は 19 頁参照。

> Was werden Sie in Zukunft?
> 将来、何になるのですか？

> Ich werde Beamtin / Beamter.
> 私は公務員になります。

◤ werden は助動詞としてほかの動詞とともに使われることがある。

> werden ・・・ **不定形**（文末）　→ 未来表現

◤ 語順 3

平叙文では、動詞の定形が第 2 位にくる。動詞の次に大事な語・動詞と結びつきの強い語が、文末にくる。これを**枠構造**とよぶ。

> Die Studentin wird in Zukunft in Deutschland **arbeiten**.
> その女子大学生は、将来ドイツで働くでしょう。

Übung 1　次の文を未来表現を使って書き換えてみよう。

1. Er besucht morgen den Großvater.
2. Die Fahrt dauert etwa 4 Stunden.
3. Es regnet.

◤ ドイツ語では、近い未来は現在形で表す。

> Ich fahre morgen mit dem Bus zur Uni.　　明日はバスで大学に行きます。

◤ 未来の表現は、特に主語が 3 人称の場合は、推量（～だろう）という意味で使われることが多い。また、主語が 1 人称の場合には～するつもりだ、というかなり確実な予定を表すことが多い。

> Er wird bald **kommen**.
> 彼はまもなく来るだろう。（推量）

> Wir werden heute für die Prüfung **lernen**.
> 私たちは今日、試験のために勉強するつもりです。（予定）

2 分離動詞 70

🔊 Ich **stehe** immer um 6 Uhr **auf**.　　私はいつも 6 時に起きます。

auf|stehen　起きる　　auf　分離の前綴り　　←文末！

stehen 基礎動詞　　←人称変化する！

🔊 分離動詞では、必ず分離の前綴りにアクセントを置いて発音する。

auf|stehen 起きる			
ich	stehe ... auf	wir	stehen ... auf
du	stehst ... auf	ihr	steht ... auf
Sie stehen ... auf			
er / sie /es steht ... auf		sie	stehen ... auf

ab|fahren 出発する			
ich	fahre ... ab	wir	fahren ... ab
du	**fährst** ... ab	ihr	fahrt ... ab
Sie fahren ... ab			
er / sie / es **fährt** ... ab		sie	fahren ... ab

▍Übung 2　次の分離動詞の意味を調べ、人称変化させよう。

1. um|steigen　　2. fern|sehen　　3. an|fangen

▍Übung 3　次の分離動詞を正しく人称変化させよう。

1. Die Schüler _ _ _ _ _ _ _ _ _ _ jeden Morgen gegen 7 Uhr _ _ _ _ _. [auf|stehen]
その生徒たちは毎朝、7 時ごろ起きる。

2. Wie lange _ _ _ _ _ _ _ _ _ Sie jeden Tag _ _ _ _ _?　　　[fern|sehen]
あなたは毎日どのくらいテレビを見ますか？

3. Um wie viel Uhr _ _ _ _ _ _ _ _ _ der Zug _ _ _ _ _?　　　[ab|fahren]
列車は何時に発車するのですか？

4. Wir _ _ _ _ _ _ _ _ _ _ in Kurashiki _ _ _ _ _.　　　　[um|steigen]
私たちは倉敷で乗り換えます。

5. Der Unterricht _ _ _ _ _ _ _ _ _ um 9:00 Uhr _ _ _ _ _.　　[an|fangen]
授業は 9 時に始まります。

🔊 分離動詞が助動詞とともに使われると、分離しないで文末にくる。

　　Ich **werde** ab morgen um 7 Uhr **aufstehen**.　　明日から 7 時に起きるつもりです。

be- ver- ge- er- zer- emp- ent- miss- などの前綴りを持つ動詞は、分離しない。これを非分離の前綴りといい、アクセントを持たない。

verstehen	理解する、わかる		
ich	verstehe	wir	verstehen
du	verstehst	ihr	versteht
Sie	verstehen		
er /sie / es	versteht	sie	verstehen

Ich **verstehe** Sie nicht.　あなたの（おっしゃる）ことがわかりません。

Übung 4　次の非分離動詞の意味を調べ、人称変化させよう。

1. bestehen　　2. vergessen　　3. empfehlen

Übung 5　[　]の非分離動詞を人称変化させて入れ、訳してみよう。

1. Ihr Leben _ _ _ _ _ _ _ _ _ aus Aufopferung für andere.　　[bestehen]

2. Was _ _ _ _ _ _ _ _ Sie?　　　　　　　　　　　　　　[empfehlen]

3. Das _ _ _ _ _ _ _ _ mir nicht.　　　　　　　　　　　　[gefallen]

4. Der Schüler _ _ _ _ _ _ _ _ oft die Hausaufgaben.　　[vergessen]

😊 **話してみよう！**　例にならい、Ryo の１日の予定を言ってみよう。72

* um ＋ 時間　〜時に　　* gegen ＋ 時間　〜時ごろ

例　auf|stehen　起きる　　　　　　　→ Ryo steht um 6 Uhr auf.

1. zur Uni gehen　大学に行く　　　→

2. zu Mittag essen　昼食を食べる　→

3. das Seminar besuchen　ゼミに出る　→

4. jobben　アルバイトをする　　　→

5. nach Hause gehen　家に帰る　　→

um 6 Uhr　　　　　gegen halb eins　　　　von 18 bis 21 Uhr

gegen 8 Uhr　　　　　　um 14 Uhr　　　　　gegen 21: 30 Uhr

1. erst　2. zweit　3. dritt

4. から 19. までは、原則として基数の後ろに -t をつける。

4. viert　5. fünft　6. sechst　7. sieb(en)t　8. **acht**　9. neunt

10. zehnt　11. elft　12. zwölft　13. dreizehnt　14. vierzehnt

15. fünfzehnt　16. sechzehnt　17. siebzehnt　18. achtzehnt　19. neunzehnt

20. 以降は基数の後に -st をつける。

20. zwanzigst　21. einundzwanzigst　22. zweiundzwanzigst

Heute ist der erst**e** November.　　今日は 11 月 1 日です。

＊ erst の後ろの e は、定冠詞 + 形容詞 + 名詞のときの形容詞の変化語尾。(40 頁)

Ich bin am sechst**en** März 2001 in Miyazaki geboren.

私は 2001 年 3 月 6 日に宮崎で生まれました。

😃 話してみよう！　74

地図を見て、例にならい以下の質問に答えてみよう。

例　A: Wie komme ich zum Bahnhof?
　　　　駅へはどう行ったらいいですか？
　　B: Bitte gehen Sie geradeaus bis
　　　　zur **ersten** Kreuzung. Dann
　　　　gehen Sie **nach rechts**.

> zum + 男性名詞・中性名詞　〜へ
> zur + 女性名詞　〜へ
>
> geradeaus　まっすぐ
> nach rechts　右へ　　nach links　左へ

1. Wie komme ich zur Uni?

2. Wie komme ich zum Hotel Astrid?

3. Wie komme ich zum Zoo?

Lektion 11

75

Ich muss für die Prüfung lernen.
話法の助動詞

1 話者の意見・判断・批評などのニュアンスを表現する助動詞

■ 話法の助動詞の種類と人称変化
　特に単数形での変化に注意！

Übung 1　下の人称変化表を完成させてみよう。

	dürfen	können	müssen	sollen	wollen	mögen	möchte(n)
ich	darf	kann		soll	will		möchte
du	darfst		musst	sollst			möchtest
er / sie / es	darf	kann	muss	soll	will	mag	möchte
wir	dürfen	können		sollen	wollen	mögen	möchten
ihr	dürft	könnt	müsst	sollt		mögt	möchtet
sie	dürfen	können	müssen			mögen	möchten
Sie	dürfen	können	müssen			mögen	möchten

■ 助動詞を使った文の語順　　未来表現に準ずる。

76

動詞の不定形が文末に来る！！　　枠構造

平叙文　　　　　　　Ich muss für die Prüfung **lernen**.
　　　　　　　　　　私は試験のために、勉強しないといけない。
　　　　　　　　　　人称変化した助動詞が第2位。

決定疑問文　　　　　Muss ich für die Prüfung **lernen**?
　　　　　　　　　　試験のために、勉強しないといけないかしら？
　　　　　　　　　　人称変化した助動詞が文頭。

疑問詞のある文　　　Warum muss ich für die Prüfung **lernen**?
　　　　　　　　　　どうして私は試験のために勉強しないといけないの？
　　　　　　　　　　疑問詞 ＋ 人称変化した助動詞 ＋ その他

■ dürfen　〜してもよい　　（否定文で）〜してはいけない

Darf ich hier rauchen? – Nein, hier darf man nicht rauchen.
ここでタバコを吸ってもいいですか？ – いいえ、ここでタバコを吸ってはいけません。

■ können　〜できる　　〜かもしれない

Man kann hier alles kaufen.　　　　　　　ここではなんでも買える。
Er kann recht haben.　　　　　　　　　　彼は正しいかもしれない。

■ müssen　〜しなくてはならない　　〜にちがいない

Vor der Prüfung muss ich bis spät in die Nacht lernen.
試験前、私は夜遅くまで勉強しないといけない。
Der Mann muss der Täter sein.　　　　　その男が犯人にちがいない。

■ sollen　〜するべきである（主語以外の人の意思を表す）

Man soll nicht töten.　　　　　　　　　殺すべからず。
Wann soll ich zu Ihnen kommen?
いつあなたのところへ行ったらいいでしょうか？

■ wollen　〜したい

Wollen Sie fernsehen?　　　　　　　　テレビが見たいですか？
Ich will nicht sterben.　　　　　　　　死にたくない。

■ mögen　〜かもしれない　　（疑問文・否定文で）〜したい

Er mag heute kommen.　　　　　　　　彼は今日、来るかもしれない。
Ich mag nicht in dieser WG wohnen.　　この WG* には住みたくない。
　　　　　　　　　　　　　　　　　　　* Wohngemeinschaft　ドイツ流のシェアハ
　　　　　　　　　　　　　　　　　　　ウス。浴室、台所等は共用。

2　本動詞として使い、文末に動詞の不定形を伴わない場合（独立的用法）も
ある。

Ich muss morgen nach Osaka.　　　　（私は）明日、大阪に行かないといけません。
　　　　　　　　　　　　　　　　　　　* fahren の省略。

Können Sie Japanisch?　　　　　　　　日本語がおできになりますか？
Ich mag keinen Fisch.　　　　　　　　魚は好きでない。
　　　　　　　　　　　　　　　　　　　* mögen ＋ 4 格　　〜が好き

3　慣用表現

■ Soll ich 〜 ?　〜しましょうか？（相手の意向を問う）

Soll ich das Fenster öffnen?　　　　　窓を開けましょうか？

■ Wollen wir 〜 ?　〜しましょうか？（勧誘）

Wollen wir einkaufen gehen?　　　　　買い物に行きましょうか？

Übung 2　カッコには［　］の助動詞（本動詞として使われている場合もある）を人称変化させて入れ、文末の点線部には適当な動詞を下から選んで入れ、訳してみよう。

---

1. Man (　　) nicht ohne Führerschein ----------. 　[dürfen]

2. (　　) Sie gut Deutsch? 　[können]

3. (　　) Sie Bier? 　[mögen]

4. Ich (　　) auf die Toilette. 　[müssen]

5. (　　) wir zusammen ins Kino ----------? 　[wollen]

6. (　　) ich die Tür ----------? 　[sollen]

rauchen　　lernen　　schließen　　fahren　　gehen

◢ möchte　78

「〜したい」と控えめに願望を述べるとき。本来は mögen の変化した形だが、助動詞のように使われる。

Mein Vater möchte mit dir sprechen.　　父があなたと話したいと言っているの。

Ich möchte ＋ 4格　　〜が欲しいのですが。→ 31 頁参照。

Ich möchte ein Mineralwasser ohne Kohlensäure und ein Stück Baumkuchen.
炭酸なしのミネラルウォーターと、バウムクーヘンを一切れお願いします。

◢ Ich hätte gern ＋ 4格　　〜が欲しいのですが。

😀 **話してみよう！**　79

Ich möchte 〜 あるいは Ich hätte gern 〜 を使って、欲しいものを注文しよう。

einen Kaffee　　einen Tee　　eine Cola　　einen Orangensaft

eine Apfeltorte　　ein Eis　　ein Brot mit Wurst

Brigitte が日本にいる友達のケンに宛てた手紙を読んで、質問にドイツ語で答えてみよう！

Hallstatt, den 3. Januar 2019

Lieber Ken,

wie geht's dir?

Heute bin ich endlich in Hallstatt. Es schneit jetzt. Es ist hier viel kälter als in Japan, aber mir geht's gut. Die Stadt ist im Sommer am schönsten, aber Hallstatt im Winter ist auch gut. Ich möchte eigentlich das berühmte Salzbergwerk besuchen, aber leider ist es jetzt während des Winters geschlossen.

Ich will bis 10. Januar hier bleiben und dann nach Wien fahren. Dort lebt meine Schwester. Sie heißt Stefanie und studiert Musik. Im Februar soll ich in Dresden bei meinen Eltern bleiben. Wir können uns im März wiedersehen. Du musst mir unbedingt schreiben! Vergiss nicht, meine Goldfische zu füttern.

Deine Brigitte

1. Wie ist das Wetter in Hallstatt?
2. Wie lange will Brigitte in Hallstatt bleiben?
3. Wie heißt ihre Schwester?
4. Wohnen ihre Eltern in Wien?
5. Wann kommt Brigitte nach Japan zurück?
6. Was muss Ken für Brigitte tun?

81

Ich war gestern bei meiner Großmutter.
Wir haben zusammen ferngesehen.

動詞の3基本形・過去形・現在完了形

1 動詞の3基本形

■ 規則変化動詞の場合：不定形 machen　過去基本形 machte　過去分詞 gemacht

Übung 1　次の動詞の過去基本形と過去分詞を書いてみよう。

1. wohnen
2. lernen
3. lieben
4. spielen
5. hören

Übung 2　次の動詞の過去基本形と過去分詞を書いてみよう。＊巻末の変化表参照。

1. sein
2. haben
3. geben
4. essen
5. fahren

■ 過去分詞に ge- がつかない場合がある。

① 非分離の前綴りがついている動詞

besuchen　besuchte　besucht　×gebesucht

② -ieren で終わる動詞（外来語）

studieren　studierte　studiert　×gestudiert

> 第1音節にアクセントがない動詞は過去分詞にge- をつけない。

■ 分離動詞は、基礎動詞の部分が変化する。過去分詞は、分離の前綴りの後に ge- をつける。アクセントは前綴りの部分にある。

fern|sehen　　sah ... fern　　fern**ge**sehen

分離の前綴り　　基礎動詞

Übung 3　次の動詞の意味を調べ、過去基本形と過去分詞を書いてみよう。

1. telefonieren
2. bestehen
3. ab|fahren
4. um|steigen
5. gehören

2　過去形も人称変化する！　　82

◢ 規則変化動詞　　machen　　　過去基本形　　machte

ich	machte	wir	machten
du	machtest	ihr	machtet
Sie machten			
er / sie / es	machte	sie	machten

◢ 不規則変化動詞　　sein　　　過去基本形　　war

ich	war	wir	waren
du	warst	ihr	wart
Sie waren			
er / sie / es	war	sie	waren

Übung 4　[　]の動詞を過去形で人称変化させて入れ、訳してみよう。

1. Der Großvater _ _ _ _ _ _ _ _ _ Fieber.　　　　　　[haben]
2. Er _ _ _ _ _ _ _ _ _ krank.　　　　　　[sein]
3. Die Mutter _ _ _ _ _ _ _ _ gegen 4 Uhr _ _ _ _ _ _ _ _.　　[auf|stehen]
4. _ _ _ _ _ _ _ _ _ der Onkel um 5 Uhr _ _ _ _ _ _ _?　　[ab|fahren]
5. Der Arzt _ _ _ _ _ _ _ _ einen Fehler.　　　　　　[machen]

ドイツ語では英語と違い、一般的に過去を表すには、現在完了形を使い、物語の中などでは過去形が使われる。また、sein や haben などの動詞、話法の助動詞は一般に完了形より過去形が好まれる（話法の助動詞の過去形は 59 頁参照）。

Am Anfang **schuf** Gott Himmel und Erde. Und die Erde **war** wüst und leer. (*Bibel*)
はじめに神は天と地を創った。そして地は不毛で空虚であった。（聖書）

3 現在完了形　83

■ 他動詞は **haben**　・・・　過去分詞（文末）　　←枠構造

Wir **haben** eine Reise durch Deutschland gemacht.
私たちはドイツ旅行をしました。

■ 自動詞の一部は **sein**　・・・　過去分詞（文末）　　←枠構造

Ich **bin** nach Osaka gefahren.
私は大阪に行きました。

■ haben ＋ 過去分詞で完了形を作る動詞を haben 支配の動詞
　sein ＋ 過去分詞で完了形を作る動詞を sein 支配の動詞とよぶ。

■ haben 支配　全ての他動詞（4 格目的語を取るもの）および多くの自動詞
　sein 支配　　一部の自動詞
　　①状態の変化　werden　〜になる　　sterben　死ぬ
　　　　　　　　　ein|schlafen　寝入る　　wachsen　成長する
　　②場所の変化　fahren　行く　　kommen　来る　　gehen　行く
　　　　　　　　　fliegen　飛ぶ　　fallen　落ちる
　　③その他　　　sein　*be*　bleiben　とどまる　　begegnen　出会う　など

Übung 5　（　　　　）に haben か sein の定形を、点線部に [　] の動詞の過去分詞
　　　　　　　を入れて現在完了形にしてみよう。

1. Heute（　　　　　）ich zu viel _ _ _ _ _ _ _ _ _ _ _ _ _ _ _ _ _ _ .　　　[essen]
　私は今日、食べ過ぎました。

2. Ich（　　　　　）dick _ _ _ _ _ _ _ _ _ _ _ _ _ _ _ _ _ .　　　[werden]
　私は太ってしまいました。

3. Warum（　　　　　）Sie gestern zu Hause _ _ _ _ _ _ _ _ _ _ _ _ _ _ _ _ ?　[bleiben]
　どうしてあなたは昨日、家にいたのですか？

4. Er（　　　　　）die Prüfung _ _ _ _ _ _ _ _ _ _ _ _ _ _ _ _ _ .　　[bestehen]
　彼は試験に合格しました。

5. Gestern（　　　　　）ich 2 Stunden lang _ _ _ _ _ _ _ _ _ _ _ _ _ _ _ _ _ _ .　[fern|sehen]
　私は昨日、2 時間テレビを見た。

Übung 6　後に示した語群を使って次の質問に完了形で答えてみよう。

1. Wie lange haben Sie gestern Deutsch gelernt?

2. Sind Sie je in Deutschland gewesen?

3. Was haben Sie heute gegessen?

4. Was haben Sie heute Morgen getrunken?

5. Sind Sie mit dem Bus zur Uni gekommen?

niemals	einmal	zweimal	Brot	Reis	nichts
一度も〜ない	一度	二度	パン	米	何も〜ない

Kaffee	Tee	Milch	Saft	Wasser	Mineralwasser
コーヒー	茶	牛乳	ジュース	水	ミネラルウォーター

mit dem Zug	mit dem Fahrrad	zu Fuß	mit dem Auto
列車で	自転車で	歩いて	車で

😊 **聴き取ってみよう！**　音声を聴いて、単語を補い、訳してみよう。84

1. Hanna (　　　　　) mit dem Zug (　　　　　) Osaka gefahren. Dort wohnt ihre (　　　　) Freundin. Sie (　　　　) zusammen das Internationale Museum in Osaka (　　　　). Dann (　　　　) sie (　　　　) der U-Bahn (　　　　) einem spanischen Restaurant (　　　　) und (　　　　) Wein (　　　　).

2. Johann Sebastian Bach (　　　　) 1685 in Eisenach geboren. Er (　　　　) gut Orgel. Er (　　　　) ein großer Musiker, aber nicht sehr reich. Er (　　　　) lange für die Thomaskirche in Leipzig. Er hatte zwanzig Kinder, (　　　　) Söhne und (　　　　) Töchter. Aber (　　　　) von ihnen starben sehr früh. Bach (　　　　) 1750 in Leipzig.

数字一覧

0 null	10 zehn	20 zwanzig
1 eins	11 elf	21 einundzwanzig
2 zwei	12 zwölf	22 zweiundzwanzig
3 drei	13 dreizehn	30 dreißig
4 vier	14 vierzehn	40 vierzig
5 fünf	15 fünfzehn	50 fünfzig
6 sechs	16 sechzehn	60 sechzig
7 sieben	17 siebzehn	70 siebzig
8 acht	18 achtzehn	80 achtzig
9 neun	19 neunzehn	90 neunzig

100 (ein)hundert	500 fünfhundert	1000 (ein)tausend
10000 zehntausend	234 zweihundertvierunddreißig	

文法の補足

1．接続詞・副文

1 並列の接続詞 85

> aber しかし　　und ～と、そして　　oder または　　denn ～というのは… *usw.*

🔹語や文をつなぐ。動詞の位置に影響を与えない。

Ich studiere Wirtschaftswissenschaften und Klaus studiert Jura.
　　　1　　　2　　　　　　　　　　　　　　　　　　　　1　　　2

私は経済学を専攻していて、クラウスは法学を専攻している。

Er ist reich, aber seine Freundin ist arm.

彼は金持ちだが、彼の恋人は貧しい。

Meine Schwester kann heute nicht kommen, denn sie muss sich um unsere Großmutter kümmern.

姉は今日、来られません。というのは、祖母の世話をしないといけないのです。

2 従属接続詞 86

> dass ～ということ (= *that*)　　weil ～なので　　da ～なので
> wenn ～するとき　もし～ならば　　als ～したとき　　ob ～かどうか
> obwohl ～ではあるが　　damit ～するために　　nachdem ～した後で *usw.*

🔹副文（主文に従属した文）を作る。副文中では、**動詞は文末！**

Ich weiß, dass ich nichts **weiß**.　　私は、自分が何も知らないことを知っている。
　主文　　　　　　副文

Wir machen morgen einen Ausflug, wenn das Wetter schön **ist**.

明日、天気がよかったら遠出しよう。

Sie war erst 14 Jahre alt, als sie den französischen Kronprinzen **heiratete**.

フランスの皇太子と結婚したとき、彼女は14歳になったばかりでした。

Wissen Sie, ob er ledig **ist**?

彼が独身かどうか、知ってますか？

3 副文が先に来ると、主文は動詞から始まる。 87

◢ 副文全体を、第1位と考え、定動詞を第2位に置く。

Wenn das Wetter schön **ist**, **machen** wir morgen einen Ausflug.

　　　1　　副文　　　　　　　　　　　2　　　　　　主文

天気がよかったら、明日、遠出しよう。

Obwohl er Fieber **hat**, **muss** er ins Büro gehen.

熱があるが、彼は会社に行かなくてはならない。

◢ weil と da の使い分け

da は情報としてすでに知られていることを言い添える場合に使うことが多い。

weil は特に理由として述べるときに使う。

Da ich hier lange wohne, kenne ich fast alle Nachbarn.

（あなたもご存知のように）私はここに長く住んでいるものだから、隣近所はほとんど皆知っている。

Warum spricht er so gut Deutsch?

—**Weil** er fünf Jahre lang in Deutschland gewohnt hat.

なんで彼はあんなに上手にドイツ語を話すの？　　—5年間ドイツに住んでいたからだよ。

◢ als と wenn の使い分け

als は、過去に一度起きた事柄

wenn は、未来の事柄。過去形とともに使うときには、その事柄が繰り返し起きたことを示す。

Als Gregor Samsa eines Morgens aus unruhigen Träumen erwachte, fand er sich in seinem Bett zu einem ungeheuren Ungeziefer verwandelt. (Kafka)

ある朝、グレーゴア・ザムザが不安な夢から目覚めたとき、彼は自分がベッドの中で巨大な毒虫に変身しているのを見た。（カフカ）

Wenn mein Bruder Schwierigkeiten in der Schule hatte, ging meine Mutter zu seinem Lehrer.

弟が学校で困難を抱えるたびに、母は先生のところに行っていました。

2. 受動態 88

1 受動態（〜される）の作り方

werden ・・・ **過去分詞**（文末）　　←枠構造

werden　　過去基本形　wurde　　過去分詞　geworden / worden
現在形での人称変化は 19 頁。

2 受動態の時制

Der Supermarkt wird um 11 Uhr abends **geschlossen**.（現在形）
そのスーパーは、夜の 11 時に閉められる。

Der Supermarkt wurde um 11 Uhr abends **geschlossen**.（過去形）
そのスーパーは、夜の 11 時に閉められた。

Der Supermarkt ist um 11 Uhr abends **geschlossen** worden.（現在完了形）

* werden は、sein 支配の動詞。この worden は、助動詞としての werden の過去分詞。

3 能動態の文の 4 格目的語が、受動態の文の主語となる。

Die Touristen besuchen die Kirche gern.　　旅行者たちはその教会をよく訪れる。
　　 1 格　　　　　　　　　4 格
Die Kirche wird gern besucht.

*「〜によって」を示したい場合は、一般に von ＋ 3 格で表す。
Die Kirche wird von den Touristen gern besucht.

durch ＋ 4 格の場合もある。
Das Dorf wurde durch das Erdbeben zerstört.　その村は、地震で破壊された。
　　　　　　　　　　　　　　　　　　　　　　* 地震には破壊しようという意思はない。

4 状態受動　〜されている（動作が完了した後の状態）

sein ＋ **過去分詞**（文末）　　←枠構造
Der Supermarkt ist schon **geschlossen**.（現在形）
そのスーパーはもう閉められている（閉まっている）。

Der Supermarkt war schon **geschlossen**.（過去形）
そのスーパーはもう閉められていた（閉まっていた）。

3. zu 不定詞句 89

1 zu 不定詞句

zu の後ろに動詞の不定形を伴うものを zu 不定詞句と呼ぶ。

schreiben 書く　→　zu schreiben 書くこと　　gehen 行く　→　zu gehen 行くこと

2 用法

zu 不定詞は、句の最後に来る。

◢主語として

Nach Auschwitz ein Gedicht **zu schreiben**, ist barbarisch. (Adorno)

アウシュヴィッツの後で詩を書くことは、野蛮である。(アドルノ)

◢付加語として

Hast du Lust, heute Abend mit mir ins Kino **zu gehen**?

今晩、私と映画を見に行く気はない？

◢目的語として

Ich verspreche Ihnen, morgen pünktlich **zu kommen**.

明日は時間通りに来ることをお約束します。

◢分離動詞の zu 不定詞句は、前綴りと基礎動詞の間に zu を挟む

Ich freue mich, Sie **kennenzulernen**.　　お知り合いになれて嬉しいです。

* kennen|lernen　　知り合う

◢慣用的な用法

um　zu ＋ 不定詞　　～するために

Er studiert Jura, **um** später Beamter **zu werden**.

彼は将来公務員になるために法学を専攻している。

ohne　zu ＋ 不定詞　　～することなく

Er ist weggegangen, **ohne** ihr auf Wiedersehen **zu sagen**.

彼は、彼女にさようならも言わずに立ち去った。

statt　zu ＋ 不定詞　　～する代わりに、～せずに

Klaus hat den ganzen Tag gejobbt, **statt** seine Hausaufgaben **zu machen**.

クラウスは、宿題をする代わりに、一日中、アルバイトした。

sein ＋ zu 不定詞

受身の義務（～されるべきである）／受身の可能（～されることができる）

Das Problem **ist** sofort **zu lösen**.　　この問題は、すぐ解決しなくてはならない。

Das Problem **ist** leicht **zu lösen**.　　この問題を解くのは簡単だ。

haben ＋ zu 不定詞　　＝ *have to* ～　～しなくてはならない

Du **hast** die Wahrheit **zu sagen**.　　お前は本当のことを言わなくてはならない。

4. 再帰表現

■ 動作の対象が主語自身である時、人称代名詞ではなく、再帰代名詞を使う。
再帰代名詞には、3格と4格がある。

90

	単数					複数			敬称2
（1格）	(ich)	(du)	(er)	(sie)	(es)	(wir)	(ihr)	(sie)	(Sie)
3格	mir	dir	sich	sich	sich	uns	euch	sich	sich
4格	mich	dich	sich	sich	sich	uns	euch	sich	sich

＊ 敬称2人称の場合も sich （×Sich）

彼がその少年にシャワーをするなら　　Er duscht den Jugen.
下線部を代名詞にすると　　　　　　　Er duscht ihn.
彼が自分にシャワーをするなら　　　　Er duscht sich.　　＊ この sich は4格

■ 再帰代名詞と結びつき、特定の意味を表す動詞がある。これを再帰動詞という。
辞書には再と表記。4格の再帰代名詞と共に用いるものと3格の再帰代名詞と共に用いるものがある。

sich⁴　freuen　喜ぶ、楽しむ、楽しみにする

ich freue mich	wir freuen uns
du freust dich	ihr freut euch
Sie freuen sich	
er / sie / es freut sich	sie freuen sich

sich³　kaufen　（自分用に）買う

ich kaufe mir	wir kaufen uns
du kaufst dir	ihr kauft euch
Sie kaufen sich	
er / sie / es kauft sich	sie kaufen sich

Die Kinder **freuen sich** auf die Sommerferien.
子供たちは夏休みを楽しみにしています。　　＊この sich は4格
Ich möchte **mir** einen Pullover **kaufen**.
私は（自分用に）セーターを1枚買いたい。

◀ 多数の重要な熟語がある。91

＊4格の再帰代名詞を伴う熟語

sich⁴ für ＋ 4 格 interessieren　～に興味がある

sich⁴ an ＋ 4 格 erinnern　～を思い出す、憶えている　　sich⁴ setzen　座る

sich⁴ waschen　体を洗う　　*usw.*

Ich **interessiere mich für** deutsche Autos.　　私はドイツ車に興味があります。

Die Menschen **erinnern sich** noch **an** den Zweiten Weltkrieg.

その人たちはまだ第二次世界大戦のことを憶えています。

＊3格の再帰代名詞を伴う熟語

sich³ ＋ 4 格 vor|stellen　(4格のものを) 心に思い浮かべる　　sich³ die Hände

waschen　手を洗う　　sich³ ＋ 4 格 an|sehen　(4格のものを) じっくりと見る　*usw.*

Können Sie **sich** das **vorstellen**?　それが想像できますか？

Kind, **wasche dir die Hände**!　　(子供よ)、手を洗いなさい！

Das Gemälde möchte ich **mir** mal **ansehen**.

その絵を一度じっくり見てみたいものだ。

5. 話法の助動詞の過去形・現在完了形　92

不定形	過去基本形	過去分詞	
dürfen	durfte	dürfen	(gedurft)
können	konnte	können	(gekonnt)
müssen	musste	müssen	(gemusst)
sollen	sollte	sollen	(gesollt)
wollen	wollte	wollen	(gewollt)
mögen	mochte	mögen	(gemocht)

＊ möchte には過去形も過去分詞もない。

Wir **mussten** früh aufstehen.　　私たちは早く起きなくてはならなかった。

◀ 助動詞の完了形は haben 支配。

Ich **habe** den Krieg verhindern **wollen**. (Georg Elser)

私は戦争を止めたかったのです。(ゲオルク・エルザー)　　過去分詞は不定形と同型

◀ 本動詞として使う場合、過去分詞は ge- が付く形。

Ich **habe** mit dir ins Konzert **gewollt**.　　僕は君とコンサートに行きたかった。

6. 関係代名詞

1 定関係代名詞　　←先行詞がある

	男性	女性	中性	複数
1格	der	die	das	die
2格	dessen	deren	dessen	deren
3格	dem	der	dem	denen
4格	den	die	das	die

Das ist der Junge.　＋　Er spielt sehr gut Klavier.　　93

Das ist **der Junge**, der sehr gut Klavier spielt.
　　先行詞　　　定関係代名詞　　　　動詞の定形（文末）

これがとても上手にピアノを弾くその少年です。

関係代名詞は副文を導く。副文の中では定形は文末。

◤ 関係代名詞の**性・数は先行詞に一致**し、格は副文の中の格によって決まる。

Das ist **der Junge**, dessen Mutter eine sehr berühmte Sängerin ist.
これは、その母親がとても有名な歌手である少年です。

Das ist **der Junge**, dem ich das Buch geben will.
これは、私がその本をあげたい少年です。

Das ist **der Junge**, den Sie gesucht haben.
これは、あなたが探していた少年です。

2 不定関係代名詞　～する人　～すること　　←先行詞がない

1格	wer	was
2格	wessen	–
3格	wem	–
4格	wen	was

Wer in Deutschland studieren will, muss Deutsch lernen.
ドイツの大学に行きたい人はドイツ語を学ばないといけない。

Was ich gestern gesagt habe, war ein Irrtum.
私が昨日言ったことは間違いでした。

◤ alles　すべて　nichts　何も～ない　を先行詞とする場合も、was で受ける。

Ich habe **alles** gesagt, was ich weiß.　　私は、知っている事を全部言いました。

単語 リスト

A

ab	前	+3、または4〜から
Abend	男	-s/-e 夕方
abends	副	夕方に、晩に
aber	接	しかし
ab|fahren ＊（s）	動	出発する
acht	数	8
achtzehn	数	18
achtzig	数	80
Affe	男	-n/-n 猿
all-	代	すべての
als	接	〜したとき、〜よりも、〜として
alt	形	古い、年をとっている
Amerikaner	男	-s/- アメリカ人（男性）
Amerikanerin	女	-/-nen アメリカ人（女性）
an	前	+3・4 〜のきわ、そば　at, on, by
an|fangen ＊	動	始まる、始める
an|sehen ＊	動	再3（4格を）じっくり見る、観察する
Anfang	男	-(e)s/-fänge 始まり
angeln	動	釣りをする
Apfel	男	-s/Äpfel リンゴ
Apfeltorte	女	-/-n リンゴのケーキ
Apotheke	女	-/-n 薬局
April	男	-(s)/-e 4月
Arbeit	女	-/-en 仕事、労働
arbeiten	動	仕事をする

arm	形	貧しい
Arzt	男	-es/Ärzte 医師（男性）
Ärztin	女	-/-nen 医師（女性）
auch	副	〜もまた
auf	前	+3・4 〜の上　on
auf|stehen ＊（s）	動	起きる
Aufgabe	女	-/-n 任務、課題
Aufopferung	女	-/-en 犠牲的行為、献身
Auge	中	-s/-n 目
August	男	-(e)s/-e 8月
aus	前	+3 〜から
Ausflug	男	-(e)s/-flüge 遠出
außerdem	副	そのほかに、その上
Auto	中	-s/-s 車
Autor	男	-s/-en 作家（男性）
Autorin	女	-/-nen 作家（女性）

B

Bäcker	男	-s/- パン製造業者（男性）
Bäckerin	女	-/-nen パン製造業者（女性）
Bahn	女	-/-en 路、鉄道
Bahnhof	男	-(e)s/-höfe 駅
bald	副	まもなく、すぐに
Ball	男	-(e)s/Bälle ボール
Banane	女	-/-n バナナ
Bank	女	-/-en 銀行
Bär	男	-en/-en クマ
barbarisch	形	野蛮な
Baseball〔ベースボール〕	男	-s/ 野球

Basketball	男 -(e)s/ バスケットボール	
Bauch	男 -(e)s/Bäuche 腹	
Bauer	男 -n(-s)/-n 農夫	
Bäuerin	女 -/-nen 農婦	
Baum	男 -(e)s/Bäume 木	
Baumkuchen	男 -s/- バウムクーヘン	
begegnen(s)	動 (3格に)出くわす、出会う	
bekommen *	動 手に入れる	
bestehen *	動 ある、〜に存する、耐える、合格する	
besuchen	動 (4格を)訪問する	
Beamte	男 (形容詞の変化)公務員(男性)	
Beamtin	女 -/-nen 公務員(女性)	
bei	前 +3 〜で、〜に際して *at, with*	
Bein	中 -(e)s/-e 脚	
Berg	男 -(e)s/-e 山	
Bergwerk	男 -(e)s/-e 鉱山、鉱業所	
berühmt	形 有名な	
besser	＜gut →38頁	
best	＜gut →38頁	
Betriebswirtschaft	女 -/-en 経営学	
Bibel	女 -/-n 聖書	
Bier	中 -(e)s/-e ビール	
billig	形 安価な	
bin	＜sein →11頁	
bis	前 +4 〜まで *till, antill*	
bist	＜sein →11頁	
bitte	間 どうぞ、どうか	
bleiben *(s)	動 〜にとどまる	
Brille	女 -/-n めがね	
Brot	中 -(e)s/-e パン	
Bruder	男 -s/Brüder 兄、弟	
Brust	女 -/Brüste 胸	
Buch	中 -(e)s/Bücher 本	
Buchhandlung	女 -/-en 書店	

Büro	中 -s/-s 事務所、オフィス、会社	
Bus	男 -ses/-se バス	

C ———————————————

Café	中 -s/-s カフェ、喫茶店	
China	固 中国	
chinesisch	形 中国(人、語)の	
Cola	中 -s/ 女 -/ コーラ	
Computer	男 -s/- コンピュータ	
Cousin 〔クザーン〕	男 -s/-s 従兄弟(いとこ)	
Cousine 〔クズィーネ〕	女 -/-n 従姉妹(いとこ)	

D ———————————————

da	接 〜なので	
da	副 そこに、そこで	
Dachshund	男 -(e)s/-e ダックスフント	
Dame	女 -/-n ご婦人	
damit	接 〜するために(目的)	
danken	動 感謝する	
dann	副 そのあと、それなら	
das	代 それ、これ	
das	冠 →26頁	
dass	接 〜ということ *that*	
dauern	動 時間がかかる	
dein	代 君の →27頁	
denn	接 〜というのは、〜だから	
der	冠 →26頁	
deutsch	形 ドイツ(人・語)の	
Deutsch	中 -(s)/ ドイツ語	
Deutschland	固 ドイツ	
Dezember	男 -(s)/- 12月	
dich	＜du →34頁	
dick	形 太っている	
die	冠 →26頁	
Dienstag	男 -(e)s/-e 火曜日	
dies-	代 この →27頁	
dir	＜du →34頁	

doch	副 （否定の質問に）いいえ、けれども	
Donnerstag	男 -(e)s/-e 木曜日	
Dorf	中 -(e)s/Dörfer 村	
dort	副 あそこで、あそこに	
drei	数 3	
dreißig	数 30	
dreizehn	数 13	
dritt	序数 3番目の	
du	代 2人称単数親称1格 君	
durch	前 ＋4 〜を通って *through*	
Durchfall	男 -(e)s/-e 下痢	
dürfen ＊	助動 〜してもよい	
Durst	男 -(e)s/ 喉の渇き	
duschen	動 シャワーを浴びせる、再4 シャワーを浴びる	

E

eigentlich	形 本来の、本当の、実際の	
ein	冠 →26頁	
ein|kaufen	動 買い物する	
einmal	副 一度、いつか	
eins	数 1	
ein|schlafen ＊(s)	動 寝入る	
Einwohner	男 -s/- 住人	
Einzelkind	中 -(e)s/-er 一人っ子	
Eis	中 -es/ 氷、アイスクリーム	
elf	数 11	
Eltern	複 両親	
empfehlen ＊	動 推薦する	
endlich	副 ようやく	
entschuldigen	動 許す	
Entschuldigung	女 -/-en 許し	
er	代 3人称単数男性1格	
Erdbeben	中 -s/- 地震	
Erde	女 -/-n 大地、地球	
erinnern	動 思い起こさせる、再4	

	（an＋4を）思い出す、覚えている	
Erkältung	女 -/-en 風邪	
erst	序数 第一の	
erst	副 ようやく	
erwachen(s)	動 目覚める	
es	代 3人称単数中性1・4格	
essen ＊	動 食べる	
etwa	副 例えば、およそ	
euch	＜ ihr→34頁	
euer	代 君たちの→27頁	
Euro	男 -(s)/-(s) ユーロ	
Europa	固 ヨーロッパ	

F

fahren ＊(s)	動 行く、運転する	
Fahrrad	中 -(e)s/-räder 自転車	
Fahrt	女 -/-en 走行、通行、旅行	
fallen ＊(s)	動 落下する	
Familie〔ファミーリエ〕	女 -/-n 家族	
Familienname	男 （単2）-ns（3・4）-n/-n 姓	
Februar	男 -(s)/-e 2月	
Fehler	男 -s/- 誤り、間違い	
Fenster	中 -s/- 窓	
Ferien	複 （学校などの）休暇	
fern|sehen ＊	動 テレビを見る	
Fieber	中 -s/- 熱	
finden ＊	動 見出す、〜だと思う	
Finger	男 -s/- （手の）指	
Fisch	男 -(e)s/-e 魚	
fliegen ＊(s)	動 飛ぶ、飛行機で行く	
Flöte	女 -/-n 笛、フルート	
Flughafen	男 -s/-häfen 空港	
Frage	女 -/-n 質問	
fragen	動 （4格の人に）質問する	
Frankreich	固 フランス	
französisch	形 フランス（人、語）の	

Französisch	中 -(s)/ フランス語	Geschenk	中 -(e)s/-e 贈り物
Frau	女 -/-en 女、妻、～さん	geschlossen	形 閉まっている
Freiheit	女 -/-en 自由		＜schließen 閉める
Freitag	男 -(e)s/-e 金曜日	Geschwister	中 -s/- (複数で)兄弟姉妹
freuen	動 喜ばせる　再4 喜ぶ、楽しみにする	gestern	副 昨日
		Gitarre	女 -/-n ギター
Freund	男 -(e)s/-e 男友達、恋人	Goldfisch	男 -(e)s/-e 金魚
Freundin	女 -/-nen 女友達、恋人	Golf	中 -s/ ゴルフ
Friseur〔フリゼーア〕	男 -s/-e 美容師・理容師(男性)	Gott	男 -(e)s/Götter 神
		Grippe	女 -/-n インフルエンザ
Friseuse〔フリゼーゼ〕	女 -/-n 美容師・理容師(女性)	groß	形 大きい
		Großmutter	女 -/-mütter 祖母
früh	形 (時点が)早い	Großvater	男 -s/-väter 祖父
Führerschein	男 -(e)s/-e 運転免許証	Gruß	男 -es/Grüße 挨拶
fünf	数 5	grüßen	動 挨拶する
fünfzehn	数 15	gut	形 良い、元気な
fünfzig	数 50	**H**	
für	前 ＋4 ～のために(目的)	Haar	中 -(e)s/-e 髪
Fuß	男 -es/Füße 足	haben *	動 持つ
Fußball	男 -s/ サッカー	Hafen	男 -s/Häfen 港
füttern	動 餌をやる	halb	副 半分の
G		hallo	間 もしもし、やあ
ganz	副 かなりの、まあまあの	Hals	男 -es/Hälse 首、頸、喉
		Hand	女 -/Hände 手
Gebäude	中 -s/- 建物	Handel	男 -s/ 取引、商業
geben *	動 与える	Handelswissenschaft	女 -/-en 商学
geboren	形 生まれた	hast	＜haben →14頁
	＜gebären 生む	hat	＜haben →14頁
Gedicht	中 -(e)s/-e 詩	Haus	中 -es/Häuser 家
gefallen *	動 (3格の)気にいる	Hausaufgabe	女 -/-n 宿題
gegen	前 ＋4 ～に対して	heiraten	動 (4格と)結婚する
gehen *(s)	動 行く	heiß	形 暑い、熱い
gehören	動 (3格の)ものである	heißen *	動 ～という名前である
gelb	形 黄色い	helfen *	動 (3格を)手伝う、助ける
Geld	中 -(e)s/-er お金		
Gemälde	中 -s/- 絵画	Hemd	中 -(e)s/-en シャツ
Gepard	男 -s/-e チータ	Herr	男 (単2・3・4) -n/-en 紳士、男、～さん
geradeaus	副 まっすぐに		
gern	副 好んで	Herz	中 (単2) -ens (3) -en

	中 (4)-/-en 心臓	
heute	副 今日	
hier	副 ここで、ここに	
Himmel	男 -s/- 空、天	
hinter	前 ＋3・4 〜のうしろ	
Hobby	中 -s/-s 趣味	
hoch	形 (丈が)高い	
Hochschule	女 -/-n (単科)大学	
höchst	＜ hoch →38頁	
Hof	男 -(e)s/Höfe 中庭、裏庭	
höher	＜ hoch →38頁	
Honig	男 -s/ ハチミツ	
hören	動 聞こえる、聞く	
Hose	女 -/-n ズボン、スラックス	
Hotel	中 -s/-s ホテル	
Hund	男 -(e)s/-e 犬	
hundert	数 100	
Hunger	男 -s/ 空腹、飢え	
Husten	男 -s/- 咳	
Hut	男 -(e)s/Hüte (つばのある)帽子	

I ————————

ich	代 1人称単数1格　私
ihm	＜ er・es →34頁
ihn	＜ er →34頁
Ihnen	＜ Sie →34頁
ihr	代 2人称複数親称1格 君たち
ihr	＜ sie →34頁
ihr	代 (3人称単数女性、3人称複数を受けて) 〜の →27頁
Ihr	代 (敬称2人称を受けて) あなた(たち)の →27頁
immer	副 いつも
in	前 ＋3・4 〜の中
interessieren	動 興味を持たせる、再4 (für ＋4に)興味を持つ

international	形 国際的な
Irrtum	男 -s/-tümer 誤り、誤謬
ist	＜ sein →11頁
Italien	固 イタリア
italienisch	形 イタリア(人、語)の

J ————————

ja	副 はい
Jahr	中 -(e)s/-e 年
Januar	男 -(s)/-e 1月
Japan	固 日本
Japaner	男 -s/- 日本人(男性)
Japanerin	女 -/-nen 日本人(女性)
japanisch	形 日本(語・人)の
Japanisch	中 -(s)/ 日本語
je	副 かつて、これまで、いつか
jed-	代 それぞれの →27頁
jetzt	副 今
jobben〔ジョベン〕	動 アルバイトする
Juli	男 -(s)/-s 7月
jung	形 若い
Junge	男 -/-n 少年、若者
Juni	男 -(s)/-s 6月
Jura	複 法学

K ————————

Kaffee	男 -s/(-s) コーヒー
kalt	形 寒い、冷たい
Käse	男 -s/- チーズ
Katze	女 -/-n 猫
kaufen	動 買う
kein	冠 一つも〜ない
kennen ＊	動 知っている
kennen|lernen	動 (4格と)知り合いになる
Kind	中 -(e)s/-er 子供
Kino	中 -s/-s 映画館
Kirche	女 -/-n 教会
Klavier〔クラヴィーア〕	中 -s/-e ピアノ
klein	形 小さい

Knie	中 -s/- 膝	langsam	副 速度の遅い、ゆっくりした
kochen	動 料理する、煮る	laufen＊(s)	動 走る、歩いていく
Kohlensäure	女 -/-n 炭酸	laut	形 (声・音が)大きい
komisch	形 滑稽な、おかしな	Leben	中 -s/- 命、人生
Komponist	男 -en/-en 作曲家(男性)	leben	動 生きている、暮らす
Komponistin	女 -/-nen 作曲家(女性)	lecker	形 おいしい
König	男 -s/-e 王	ledig	形 独身の
Königin	女 -/-nen 女王	leer	形 空(から)の
können＊	助動 ～できる	Lehrbuch	中 -(e)s/-bücher 教科書
Konzert	中 -(e)s/-e コンサート	Lehrer	男 -s/- 教師(男性)
Kopf	男 -(e)s/Köpfe 頭	Lehrerin	女 -/-nen 教師(女性)
Kopfsalat	男 -(e)s/-e レタス	leider	副 残念ながら
Kopfschmerz	男 -es/-en （通常複数で）頭痛	lernen	動 習う、学ぶ
		lesen＊	動 読む、読書する
Korea	固 韓国・朝鮮	Lesen	中 -s/ 読書、朗読
Koreaner	男 -s/- 韓国・朝鮮人(男性)	Liechtenstein	固 リヒテンシュタイン
		lieben	動 愛する
Koreanerin	女 -/-nen 韓国・朝鮮人(女性)	lieber	＜gern →38頁 むしろ
		liebsten	＜gern →38頁
koreanisch	形 韓国(人、語)の、朝鮮(人、語)の	links	副 左に、左の
		lösen	動 ゆるめる、ほどく、解決する
krank	形 病気の		
Krankenhaus	中 -es/-häuser 病院	Lust	女 -/-e ～したい気持ち、意欲
Krankenpfleger	男 -s/- 看護師(男性)		
Krankanpflegerin	女 -/-nen 看護師(女性)		
Kreuzung	女 -/-en 交差点	**M** ———————	
Krieg	男 -(e)s/-e 戦争	machen	動 ～する、作る
Kronprinz	男 -en/-en 皇太子	Mädchen	中 -s/- 少女
Kuchen	男 -s/- ケーキ、菓子	Magen	男 -s/Mägen 胃、おなか
Kugelschreiber	男 -s/- ボールペン	Magenschmerz	男 -es/-en （通常複数で）胃痛、腹痛
Kuli	男 -s/-s ボールペン = Kugelschreiber		
		Mai	男 -(e)s/-e 5月
kümmern	動 心を煩わせる、再4 (um＋4)を気にかける、面倒をみる	man	代 (不特定の)人
		Mann	男 -(e)s/Männer 男、夫
		Mantel	男 -s/Mäntel 外套、コート
kurz	形 短い		
L ———————		März	男 -(es)/-e 3月
lang	形 長い	Medikament	中 -(e)s/-e 薬、薬剤
lange	副 (時間的)長く	mehr	＜viel →38頁

mein	代 私の→27頁	
meist	＜viel →38頁	
Mensa	女 -/-s, (Mensen) 学生食堂	
Mensch	男 -en/-en 人間	
mich	＜ich→34頁	
Milch	女 -/ 乳	
Mineral	中 -s/-e (Mineralien) 鉱物	
Mineralwasser	中 -s/(-wässer) ミネラルウォーター	
mir	＜ich→34頁	
mit	前 ＋3 ～で、～とともに	
Mittag	男 -s/-e 正午	
Mittwoch	男 -(e)s/-e 水曜日	
möchte(n)	～したい	
mögen *	助動 ～かもしれない、動 ～が好き	
Mond	男 -(e)s/-e（天体の）月	
Mont Blanc	固 モンブラン（山の名前）	
Montag	男 -(e)s/-e 月曜日	
Morgen	男 -s/- 朝	
morgen	副 明日	
müde	形 眠い、疲れた	
Mund	男 -(e)s/Münder（人間の）口	
Museum	中 -s/Museen 博物館、美術館	
Musik	女 -/-en 音楽	
Musiker	男 -s/- 音楽家（男性）	
Musikerin	女 -/-nen 音楽家（女性）	
müssen	助動 ～しなくてはならない、～にちがいない	
Mutter	女 -/Mütter 母	

N ————————————

nach	前 ＋3 ～へ、～のあと
Nachbar	男 -n(-s)/-n 隣人（男性）
Nachbarin	女 -/-nen 隣人（女性）

nachdem	接 ～したあとで
Nacht	女 -/Nächte 夜
Name	男（単2）-ns（3・4）-n/-n 名前
Nase	女 -/-n 鼻
neben	前 ＋3・4 ～の横
nehmen *	動 取る　take
nein	副 いいえ
nett	形 感じの良い
neun	数 9
neunzehn	数 19
neunzig	数 90
nicht	副 ～でない
nichts	代 何も～ない
niemals	副 一度も～ない
noch	副 まだ、さらに
November	男 -(s)/- 11月

O ————————————

ob	接 ～かどうか
obwohl	接 ～にもかかわらず
oder	接 あるいは
öffnen	動 開ける
oft	副 しばしば
ohne	前 ＋4 ～なしに
Ohr	中 -(e)s/-en 耳
Oktober	男 -(s)/- 10月
Öl	中 -(e)s/(-e) 油、オイル
Onkel	男 -s/- おじ、おじさん
Orange	女 -/-n オレンジ
Orangensaft	男 -(e)s/-säfte オレンジジュース
Orgel	女 -/-n オルガン
Österreich	固 オーストリア

P ————————————

Park	男 -s/-s 公園
Pfleger	男 -s/- 世話人、養育者（男性）
Pflegerin	女 -/-nen 世話人、養育者（女性）

Pianist	男 -en/-en ピアニスト（男性）	schaffen＊	動 作り出す、成し遂げる
Pianistin	女 -/-nen ピアニスト（女性）	Schauspieler	男 -s/- 俳優（男性）
Platz	男 -es/Plätze 広場、場所	Schauspielerin	女 -/-nen 女優
Portmonee	中 -s/-s 財布	schenken	動 贈る
praktisch	形 実用的な	schlafen＊	動 眠る
Problem	中 -s/-e 問題	schlecht	形 悪い
Prüfung	女 -/-en 試験	schließen＊	動 締める
Pulli	男 -s/-s セーター =Pullover	Schmerz	男 -es/-en （多くは複数で）痛み
Pullover	男 -s/- セーター	schneien	動 雪が降る
pünktlich	形 時間通りの、時間を遵守する	schnell	形 速い
		schon	副 すでに、もう
R ———————		schön	形 美しい、すてきな
rauchen	動 タバコを吸う	schreiben＊	動 書く、手紙を書く
Recht	中 -(e)/-e 正しいこと、法	Schule	女 -/-n 学校
rechts	副 右に	Schüler	男 -s/- 生徒（男子）
regnen	動 雨が降る	Schülerin	女 -/-nen 生徒（女子）
reich	形 金持ちの	Schulter	女 -/-n 肩
Reis	男 -es/(-e) 米	Schwanz	男 -es/Schwänze 尾、しっぽ
Reise	女 -/-n 旅行	schwarz	形 黒い
reisen	動 旅行する	die Schweiz	固・女 スイス
Restaurant 〔発音注意〕 中 -s/-s レストラン		Schweizer	男 -s/- スイス人（男性）
Ring	男 -(e)s/-e 輪、指輪	Schweizerin	女 -/-nen スイス人（女性）
Rock	男 -(e)s/Röcke スカート	Schwester	女 -/-n 姉、妹
rot	形 赤い	schwierig	形 難しい、困難な
Rotkäppchen	固 赤ずきんちゃん	Schwierigkeit	女 -/-en 困難、やっかいごと
rund	形 丸い	sechs	数 6
S ———————		sechzehn	数 16
Saft	男 -(e)s/Säfte 果汁、ジュース	sechzig	数 60
		sehen＊	動 見える、見る
Salz	中 -es/-e 塩	sehr	副 非常に
Salzberkwerk	中 -(e)s/-e 岩塩鉱山	seid	＜ sein →11頁
Samstag	男 -(e)s/-e 土曜日	sein＊（s）	動 *be* →11頁
Sänger	男 -s/- 歌手（男性）	sein	代 （3人称単数男性・中性を受けて）〜の →27頁
Sängerin	女 -/-nen 歌手（女性）		

seit	前 +3 〜以来	sterben * (s)	動 死ぬ
Sekt	男 -(e)s/(-e) 発泡ワイン	Stück	中 -(e)s/-e 切片、部分
Seminar	中 -s/-e ゼミナール、演習	Student	男 -en/-en 大学生(男子)
September	男 -(s)/- 9月	Studentin	女 -/-nen 大学生(女子)
setzen	動 座らせる 再4 座る	studieren	動 専攻する、大学で学ぶ
Sie	代 敬称2人称 あなた(たち)1・4格	Stunde	女 -/-n 時間
sie	代 3人称単数女性、3人称複数 1・4格	suchen	動 探す
		Supermarkt	男 -(e)s/-märkte スーパーマーケット
sieben	数 7	süß	形 甘い
siebzehn	数 17	sympathisch	形 感じの良い
siebzig	数 70	**T**	
sind	< sein→11頁	Tag	男 -(e)s/-e 日、昼
singen *	動 歌う	Taifun	男 -s/-e 台風
so	副 それほど、そのように	Tante	女 -/-n おば、おばさん
		Tasche	女 -/-n かばん、ポケット
Sohn	男 -s(e)s/Söhne 息子	Täter	男 -s/- 犯人
sollen	助動 〜するべきである	tausend	数 1000
Sommer	男 -s/- 夏	tausendmal	形 1000倍、1000回
sondern	接 〜ではなくて	Taxi	中 -(s)/-(s) タクシー
Sonnabend	男 -s/-e (北・中部ドイツで)土曜日	Tee	男 -s/(-s) 茶
Sonne	女 -/-n 太陽	telefonieren	動 電話する
sonnig	形 晴れた、日当たりの良い	Tennis	中 -/ テニス
		teuer	形 値段が高い
Sonntag	男 -(e)s/-e 日曜日	Thema	中 -s/Themen テーマ、論題
spanisch	形 スペイン(人、語)の	Tochter	女 -/Töchter 娘
Spaß	男 -es/Späße 喜び	Toilette 〔トァレッテ〕	女 -/-n トイレ、化粧室
spät	形 遅い	Tomate	女 -/-n トマト
später	形 のちの、将来の spätの比較級	Torte	女 -/-n ケーキ
		töten	動 殺す
spielen	動 遊ぶ、〜をする	Tourist	男 -en/-en 旅行者
Sport	男 -(e)s/-e スポーツ、運動	Traum	男 -(e)s/Träume 夢
		träumen	動 夢をみる
sprechen *	動 話す	treiben *	動 する、行う
Stadt	女 -/Städte 市、町	trinken *	動 飲む
statt	前 +2 〜の代わりに	trocken	形 乾いた、(ワインなどが)辛口の
Stein	男 -(e)s/-e 石		

trotz	前 +2 〜にもかかわらず	verstehen *	動 理解する
tschüs	間 バイバイ	verwandeln	動 変身する
tun *	動 する、行う	viel	形 多くの
Tür	女 -/-en 扉、ドア	vier	数 4

U ─────────────────

U-Bahn	女 -/-en 地下鉄	vierzehn	数 14
über	前 +3・4 〜の上方、〜について	vierzig	数 40
		Vietel	中 -s/- 4分の1、4分の1時間、15分
Uhr	女 -/-en 時計、〜時		
um	前 +4 〜の周りに、〜時に	Volkswagen	固 フォルクスワーゲン
		Volleyball 〔ヴォリバル〕	男 -(e)s/ バレーボール
um	steigen *（s）	動 乗り換える		
unbedingt	形 無条件の、どうしても	von	前 +3 〜の
		vor	前 +3・4 〜の前
und	接 〜と and	vorsichtig	形 用心深い
ungefähr	副 おおよそ、ほぼ	vor	stellen	動 前に置く 再3（4格のものを）思い浮かべる、再4 自己紹介する
ungeheuer	形 とてつもない、ものすごい		
Ungeziefer	中 -s/ 毒虫、有害小動物		
Uni	女 -/-s 大学 = Universität	**W** ─────────────────	
Universität	女 -/-en （総合）大学	wachsen *（s）	動 成長する
unpraktisch	形 非実用的な	wahr	形 真実の
unruhig	形 落ち着かない、動揺した	während	前 +2 〜の期間中
		Wahrheit	女 -/-en 真実
uns	＜wir→34頁	Wald	男 -(e)s/Wälder 森
unser	代 私たちの→27頁	wandern	動 ハイキングする
unter	前 +3・4 〜の下	wann	副 いつ
Unterricht	男 -(e)s/-e 授業	warum	副 なぜ

V ─────────────────

		was	代 何
Vater	男 -s/Väter 父親	waschen *	動 洗う 再4 自分の体を洗う
Vatikan	固・男 ヴァティカン		
vergessen *	動 忘れる	Wasser	中 -s/-(Wässer) 水
verhindern	動 妨害する	Weg	男 -(e)s/-e 道
verkaufen	動 売る、販売する	wegen	前 +2 〜のため（理由）
Verkäufer	男 -s/- 販売員、店員（男性）	weg	gehen *（s）	動 立ち去る、出発する
		weil	接 〜だから、〜なので
Verkäuferin	女 -/-nen 販売員、店員（女性）	Wein	男 -(e)s/(-e) ワイン
		weiß	形 白い
versprechen *	動 約束する	weiß	＜wissen
		Weißwein	男 -(e)s/(-e) 白ワイン
		welch-	代 どんな →27頁

Welt	女	-/-en 世界
Weltkrieg	男	-(e)s/-e 世界大戦
wenn	接	～するとき、～なら
wer	代	だれが、～する人
werden＊(s)	動	～になる
Werk	中	-(e)s/-e 活動、工場
Wetter	中	-s/- 天気
WG	女	-/-en 住宅共同体
		＝Wohngemeinschaft
wie	副	どのような
Wiedersehen	中	-s/ 再会
wieder|sehen＊	動	再会する
Winter	男	-s/- 冬
wir	代	1人称複数1格　私たち
Wirtschaft	女	-/-en 家政、経済
Wirtschaftswissenschaft	女	-/-en 経済学
wissen＊	動	知っている、わかっている
Wiwi		＝Wirtschaftswissenschaft
wo	副	どこ
Woche	女	-/-n 週
Wochenende	中	-s/-n 週末
woher〔ヴォヘーア〕	副	どこから
wohnen	動	住む
Wohnung	女	-/-en 住居、住まい
wolkig	形	曇りの
wollen＊	助動	～したい
wünschen	動	願う、望む

Wurst	女	-/Würste ソーセージ
wüst	形	荒れた
Z		
Zahn	男	-(e)s/Zähne 歯
Zahnarzt	男	-es/-ärzte 歯医者（男性）
Zahnärztin	女	-/-nen 歯医者（女性）
Zahnschmerz	女	-/-en （複数で）歯痛
zehn	数	10
Zeit	女	-/-en 時間
Zeitung	女	-/-en 新聞
zerstören	動	破壊する
Zoo	男	-s/-s 動物園
zu	前	＋3 ～へ　to
zu	副	～すぎる
Zug	男	-(e)s/Züge 列車、行列
Zugspitze	固	ツークシュピッツェ（山の名前）
Zukunft	女	-/-künfte 将来、未来
zurück	副	後ろへ
zusammen	副	いっしょに
zwanzig	数	20
zwei	数	2
zweimal	副	2倍、2回
zweit	序数	2番目の
Zwerg	男	-(e)s/-e 小人
zwischen	前	＋3・4 ～のあいだ
zwölf	数	12

著者紹介

香月恵里（かつき えり）

岡山商科大学教授

［新版］とってもかんたん！ ドイツ語入門

2025 年 2 月 1 日　印刷
2025 年 2 月 10 日　発行

著　者 ©　香　月　恵　里
発行者　　岩　堀　雅　己
印刷所　　幸 和 印 刷 株 式 会 社

101-0052 東京都千代田区神田小川町 3 の 24
電話 03-3291-7811（営業部）， 7821（編集部）
発行所　　www.hakusuisha.co.jp　　　　株式会社　白水社
乱丁・落丁本は送料小社負担にてお取り替えいたします。

振替 00190-5-33228　　　　　　　　　株式会社ディスカバリー

ISBN 978-4-560-06443-6

Printed in Japan

不規則変化動詞

不 定 詞	過去基本形	過 去 分 詞	直説法現在	接 続 法 II
befehlen 命じる	**befahl**	**befohlen**	ich befehle du befiehlst er befiehlt	beföhle/ befähle
beginnen 始める, 始まる	**begann**	**begonnen**		begänne/ 稀 begönne
beißen 噛む	**biss** du bissest	**gebissen**		bisse
biegen 曲がる (s); 曲げる (h)	**bog**	**gebogen**		böge
bieten 提供する	**bot**	**geboten**		böte
binden 結ぶ	**band**	**gebunden**		bände
bitten 頼む	**bat**	**gebeten**		bäte
blasen 吹く	**blies**	**geblasen**	ich blase du bläst er bläst	bliese
bleiben とどまる (s)	**blieb**	**geblieben**		bliebe
braten (肉を)焼く	**briet**	**gebraten**	ich brate du brätst er brät	briete
brechen 破れる (s); 破る (h)	**brach**	**gebrochen**	ich breche du brichst er bricht	bräche
brennen 燃える, 燃やす	**brannte**	**gebrannt**		brennte
bringen もたらす	**brachte**	**gebracht**		brächte
denken 考える	**dachte**	**gedacht**		dächte
dringen 突き進む (s)	**drang**	**gedrungen**		dränge

不定詞	過去基本形	過去分詞	直説法現在	接続法 II
dürfen …してもよい	**durfte**	**gedurft**/ **dürfen**	ich darf du darfst er darf	dürfte
empfehlen 勧める	**empfahl**	**empfohlen**	ich empfehle du empfiehlst er empfiehlt	empföhle/ empfähle
essen 食べる	**a̱ß**	**gegessen**	ich esse du isst er isst	ä̱ße
fahren (乗物で)行く (s, h)	**fuhr**	**gefahren**	ich fahre du fährst er fährt	führe
fallen 落ちる(s)	**fiel**	**gefallen**	ich falle du fällst er fällt	fiele
fangen 捕える	**fing**	**gefangen**	ich fange du fängst er fängt	finge
finden 見つける	**fand**	**gefunden**		fände
fliegen 飛ぶ(s, h)	**flo̱g**	**geflo̱gen**		flö̱ge
fliehen 逃げる(s)	**floh**	**geflohen**		flöhe
fließen 流れる(s)	**floss**	**geflossen**		flösse
fressen (動物が)食う	**fra̱ß**	**gefressen**	ich fresse du frisst er frisst	frä̱ße
frieren 寒い, 凍る (h, s)	**fro̱r**	**gefro̱ren**		frö̱re
geben 与える	**ga̱b**	**gege̱ben**	ich gebe du gibst er gibt	gäbe
gehen 行く(s)	**ging**	**gegangen**		ginge
gelingen 成功する(s)	**gelang**	**gelungen**	es gelingt	gelänge
gelten 通用する	**galt**	**gegolten**	ich gelte du giltst er gilt	gälte/ gölte

不 定 詞	過去基本形	過去分詞	直説法現在	接続法 II
genießen 楽しむ	**genoss** du genossest	**genossen**		genösse
geschehen 起こる(s)	**geschah**	**geschehen**	es geschieht	geschähe
gewinnen 得る	**gewann**	**gewonnen**		gewönne/ gewänne
gießen 注ぐ	**goss** du gossest	**gegossen**		gösse
gleichen 等しい	**glich**	**geglichen**		gliche
graben 掘る	**grub**	**gegraben**	ich grabe du gräbst er gräbt	grübe
greifen つかむ	**griff**	**gegriffen**		griffe
haben 持っている	**hatte**	**gehabt**	ich habe du hast er hat	hätte
halten 保つ	**hielt**	**gehalten**	ich halte du hältst er hält	hielte
hängen 掛かっている	**hing**	**gehangen**		hinge
heben 持ちあげる	**hob**	**gehoben**		höbe
heißen …と呼ばれる	**hieß**	**geheißen**		hieße
helfen 助ける	**half**	**geholfen**	ich helfe du hilfst er hilft	hülfe/ 稀 hälfe
kennen 知っている	**kannte**	**gekannt**		kennte
klingen 鳴る	**klang**	**geklungen**		klänge
kommen 来る(s)	**kam**	**gekommen**		käme

不　定　詞	過去基本形	過　去　分　詞	直説法現在	接　続　法 II
können …できる	**konnte**	**gekonnt/** **können**	ich kann du kannst er　kann	könnte
kriechen はう(s)	**kroch**	**gekrochen**		kröche
laden 積む	**lud**	**geladen**	ich lade du lädst er　lädt	lüde
lassen …させる, 放置する	**ließ**	**gelassen/** **lassen**	ich lasse du lässt er　lässt	ließe
laufen 走る, 歩く (s, h)	**lief**	**gelaufen**	ich laufe du läufst er　läuft	liefe
leiden 苦しむ	**litt**	**gelitten**		litte
leihen 貸す, 借りる	**lieh**	**geliehen**		liehe
lesen 読む	**las**	**gelesen**	ich lese du liest er　liest	läse
liegen 横たわっている	**lag**	**gelegen**		läge
lügen 嘘をつく	**log**	**gelogen**		löge
meiden 避ける	**mied**	**gemieden**		miede
messen 計る	**maß**	**gemessen**	ich messe du misst er　misst	mäße
mögen 好む	**mochte**	**gemocht/** **mögen**	ich mag du magst er　mag	möchte
müssen …しなければ ならない	**musste**	**gemusst/** **müssen**	ich muss du musst er　muss	müsste
nehmen 取る	**nahm**	**genommen**	ich nehme du nimmst er　nimmt	nähme
nennen 名づける	**nannte**	**genannt**		nennte

不 定 詞	過去基本形	過 去 分 詞	直説法現在	接 続 法 II
preisen 称賛する	**pries**	**gepriesen**		priese
r<u>a</u>ten 助言する	**riet**	**ger<u>a</u>ten**	ich r<u>a</u>te du r<u>ä</u>tst er r<u>ä</u>t	riete
reißen 裂ける(s); 裂く(h)	**riss** du rissest	**gerissen**		risse
reiten 馬で行く(s, h)	**ritt**	**geritten**		ritte
rennen 駆ける(s)	**rannte**	**gerannt**		rennte
riechen におう	**roch**	**gerochen**		röche
r<u>u</u>fen 呼ぶ, 叫ぶ	**rief**	**ger<u>u</u>fen**		riefe
schaffen 創造する	**sch<u>u</u>f**	**geschaffen**		sch<u>ü</u>fe
scheiden 分ける	**schied**	**geschieden**		schiede
scheinen 輝く, …に見え る	**schien**	**geschienen**		schiene
schelten 叱る	**schalt**	**gescholten**	ich schelte du schiltst er schilt	schölte
schieben 押す	**sch<u>o</u>b**	**gesch<u>o</u>ben**		sch<u>ö</u>be
schießen 撃つ, 射る	**schoss** du schossest	**geschossen**		schösse
schl<u>a</u>fen 眠る	**schlief**	**geschl<u>a</u>fen**	ich schl<u>a</u>fe du schl<u>ä</u>fst er schl<u>ä</u>ft	schliefe
schl<u>a</u>gen 打つ	**schl<u>u</u>g**	**geschl<u>a</u>gen**	ich schl<u>a</u>ge du schl<u>ä</u>gst er schl<u>ä</u>gt	schl<u>ü</u>ge
schließen 閉じる	**schloss** du schlossest	**geschlossen**		schlösse

不 定 詞	過去基本形	過 去 分 詞	直説法現在	接 続 法 II
schneiden 切る	**schnitt**	**geschnitten**		schnitte
*er*schrecken 驚く	**erschrak**	**erschrocken**	ich erschrecke du erschrickst er erschrickt	erschräke
schreiben 書く	**schrieb**	**geschrieben**		schriebe
schreien 叫ぶ	**schrie**	**geschrie[e]n**		schriee
schreiten 歩む(s)	**schritt**	**geschritten**		schritte
schweigen 黙る	**schwieg**	**geschwiegen**		schwiege
schwimmen 泳ぐ(s, h)	**schwamm**	**geschwommen**		schwömme/ schwämme
schwören 誓う	**schwor**	**geschworen**		schwüre/ 稀 schwöre
sehen 見る	**sah**	**gesehen**	ich sehe du siehst er sieht	sähe
sein ある, 存在する	**war**	**gewesen**	直説法現在　接続法 I ich bin　sei du bist　sei[e]st er ist .　sei wir sind　seien ihr seid　seiet sie sind　seien	wäre
senden 送る	**sandte/ sendete**	**gesandt/ gesendet**		sendete
singen 歌う	**sang**	**gesungen**		sänge
sinken 沈む(s)	**sank**	**gesunken**		sänke
sitzen 座っている	**saß**	**gesessen**		säße
sollen …すべきである	**sollte**	**gesollt/ sollen**	ich soll du sollst er soll	sollte

不　定　詞	過去基本形	過　去　分　詞	直説法現在	接　続　法 II
sprechen 話す	**spr<u>a</u>ch**	**gesprochen**	ich spreche du sprichst er spricht	spr<u>ä</u>che
springen 跳ぶ (s, h)	**sprang**	**gesprungen**		spränge
stechen 刺す	**st<u>a</u>ch**	**gestochen**	ich steche du stichst er sticht	stäche
stehen 立っている	**stand**	**gestanden**		stünde/ stände
stehlen 盗む	**stahl**	**gestohlen**	ich stehle du stiehlst er stiehlt	stähle/ 稀 stöhle
steigen 登る (s)	**stieg**	**gestiegen**		stiege
sterben 死ぬ (s)	**starb**	**gestorben**	ich sterbe du stirbst er stirbt	stürbe
stoßen 突く (h); ぶつかる (s)	**stieß**	**gest<u>o</u>ßen**	ich st<u>o</u>ße du st<u>ö</u>ßt er st<u>ö</u>ßt	stieße
streichen なでる	**strich**	**gestrichen**		striche
streiten 争う	**stritt**	**gestritten**		stritte
tragen 運ぶ	**tr<u>u</u>g**	**getr<u>a</u>gen**	ich trage du trägst er trägt	trüge
treffen 出会う	**tr<u>a</u>f**	**getroffen**	ich treffe du triffst er trifft	träfe
treiben 駆りたてる	**trieb**	**getrieben**		triebe
treten 踏む (h); 歩む (s)	**tr<u>a</u>t**	**getr<u>e</u>ten**	ich tr<u>e</u>te du trittst er tritt	träte
trinken 飲む	**trank**	**getrunken**		tränke
tun する, 行う	**t<u>a</u>t**	**get<u>a</u>n**		täte

不 定 詞	過去基本形	過 去 分 詞	直説法現在	接 続 法 II
verderben だめになる(s); だめにする(h)	**verdarb**	**verdorben**	ich verderbe du verdirbst er verdirbt	verdürbe
vergessen 忘れる	**vergaß**	**vergessen**	ich vergesse du vergisst er vergisst	vergäße
verlieren 失う	**verlor**	**verloren**		verlöre
wachsen 成長する(s)	**wuchs**	**gewachsen**	ich wachse du wächst er wächst	wüchse
waschen 洗う	**wusch**	**gewaschen**	ich wasche du wäschst er wäscht	wüsche
weisen 指示する	**wies**	**gewiesen**		wiese
wenden 向きを変える	**wandte/** **wendete**	**gewandt/** **gewendet**		wendete
werben 募集する	**warb**	**geworben**	ich werbe du wirbst er wirbt	würbe
werden …になる(s)	**wurde**	**geworden/** 受動 **worden**	ich werde du wirst er wird	würde
werfen 投げる	**warf**	**geworfen**	ich werfe du wirfst er wirft	würfe
wiegen 重さを量る	**wog**	**gewogen**		wöge
wissen 知っている	**wusste**	**gewusst**	ich weiß du weißt er weiß	wüsste
wollen 欲する	**wollte**	**gewollt/** **wollen**	ich will du willst er will	wollte
ziehen 引く(h); 移動する(s)	**zog**	**gezogen**		zöge
zwingen 強制する	**zwang**	**gezwungen**		zwänge

中国全図

俄罗斯

黑龙江省

● 哈尔滨

内蒙古自治区

● 长春

吉林省

● 沈阳

辽宁省

呼和浩特
●

★ 北京市

河北省　● 天津市

□ 大连

渤海

太原　● 石家庄
●

济南
●

□ 青岛

山西省

山东省

黄　海

洛阳
□　● 郑州

河南省

江苏省

安徽省

□ 苏州

湖北省

● 合肥　● 南京　● 上海市

● 武汉

● 杭州

浙江省

东　海

长沙 ●　● 南昌

江西省

湖南省

福建省　● 福州

○ 台北

□ 厦门

● 广州

广东省　● 深圳

台湾

□ 海口

● 香港（特别行政区）

澳门（特别行政区）
マカオ

朝鲜

韩国

东京 ★

★	首都
●	省都
□	有名都市
⊓⊔	万里の長城

16テーマで読む現代中国

及川淳子・朱力 著

白水社

──────────── 音声ダウンロード ────────────

  白水社ホームページ（http://www.hakusuisha.co.jp/download/）
から音声をダウンロードすることができます。（お問い合わ
せ先：text@hakusuisha.co.jp）

装丁　折原カズヒロ
挿絵　坂之下しま
中国語ナレーション　姜海寧

【参考資料】
p.11　地図と行政区分
https://www.hakusuisha.co.jp/files/text_sample/06947_1_map.pdf
p.15　人民網日本語版「2019年版第5版人民元が発行」
http://j.people.com.cn/n3/2019/0831/c94476-9611094.html
p.19　貴州省日本観光センター「村を訪ねる旅」
http://kishu-kanko.com/travel_02.html

はじめに

　本書は、中国語の「初級」から「中級」へのレベルアップを目指しながら、同時に、現代中国について理解を深めることを目的に作成した教科書です。中国語の基礎を学んだみなさんが、中級レベルの語彙や文法項目を習得して、中国語の豊かな表現を繰り返し練習しながら自然に身に付けられるように工夫しています。
　各課の構成は以下のとおりです。

本　文	リードを読んでから、語注を参考にして本文の読解にチャレンジしましょう。音声を繰り返し聞いて、しっかり音読しましょう。
ポイント	本文中の重要な文法項目や表現を取り上げています。例文を日本語に訳してみましょう。
解　説	本文の内容に関連する現代中国事情について解説しています。リード、本文、解説をあわせて読むことで、理解を深めることができます。
練習問題	ポイントで学習した内容をしっかり身に付けるための練習問題を用意しました。

　中国に関するニュースや情報はあふれていますが、中国の実像を正確かつ立体的に理解することは至難の業です。それは、中国社会が多様であり、複雑であることにも起因しています。本書では、そんな複雑な中国社会を見極めるために知っておきたい知識や最新の社会課題など、16 のテーマを幅広くピックアップしました。たとえば、少数民族や農民工など、さまざまな人たちの姿が目に浮かぶようになることで、中国の魅力や複雑さについてより深く理解できるでしょう。若者世代が抱える就職や結婚などのライフステージへのプレッシャーは、日本と共通点があるかもしれません。本書を通じて日本と中国の共通点や相違点を探究しながら、中国語の学習を楽しんでください。
　中国理解の解像度を高めるためにもっとも重要なことは、自分の目で見て、耳で聞いて、感じて、そして考えることです。自分自身の言葉で語ることで、中国や中国語についての学びがこれまで以上に興味深く感じられるようになると思います。
　みなさんの中国に対する興味関心が、中国語のさらなるレベルアップに繋がり、中国の人々との新たな出会いに繋がっていくことを期待しています。

2024 年 10 月

著　者

目　次

初級文法のおさらい

02

1．基本文型

形容詞述語文　他很高。Tā hěn gāo.

今天不热。Jīntiān bú rè.

汉语不太难。Hànyǔ bú tài nán.

動詞述語文　我去学校。Wǒ qù xuéxiào.

我也喝咖啡。Wǒ yě hē kāfēi.

我不去食堂。Wǒ bú qù shítáng.

名詞述語文　我二十岁。Wǒ èrshí suì.

今天星期四。Jīntiān xīngqīsì.

今天不是星期天。Jīntiān bú shì xīngqītiān.

主述述語文　大象鼻子很长。Dàxiàng bízi hěn cháng.

爸爸工作很忙。Bàba gōngzuò hěn máng.

学校留学生不多。Xuéxiào liúxuéshēng bù duō.

2．疑問文

文末に"吗"を使う疑問文　你是老师吗？Nǐ shì lǎoshī ma?

他不去上课吗？Tā bú qù shàngkè ma?

反復疑問文：肯定形＋否定形　你是不是大学生？Nǐ shì bu shì dàxuéshēng?

这台电脑贵不贵？Zhè tái diànnǎo guì bu guì?

"还是"を使う選択疑問文　你是医生还是护士？Nǐ shì yīshēng háishi hùshi?

你去学校，还是去打工？Nǐ qù xuéxiào, háishi qù dǎgōng?

文末助詞を用いる疑問文　我们喝红茶，你呢？Wǒmen hē hóngchá, nǐ ne?

这是你的手机吧？Zhè shì nǐ de shǒují ba?

基本的な疑問詞疑問文　这个字怎么念？Zhège zì zěnme niàn?

他今天为什么没来？Tā jīntiān wèi shénme méi lái?

你妹妹几岁？Nǐ mèimei jǐ suì?

这本书多少钱？Zhè běn shū duōshao qián?

③．助動詞（能願動詞）

"想"	我想去买东西。Wǒ xiǎng qù mǎi dōngxi.
	我不想喝茶。Wǒ bù xiǎng hē chá.
"要"	我要去留学。Wǒ yào qù liúxué.
	不要说话。Búyào shuōhuà.
"会"	我会游泳。Wǒ huì yóuyǒng.
	他不会说韩语。Tā bú huì shuō Hányǔ.
"能"	她能游一千米。Tā néng yóu yìqiān mǐ.
	我明天不能去。Wǒ míngtiān bù néng qù.
"可以"	你们可以照相。Nǐmen kěyǐ zhàoxiàng.
	这儿不可以抽烟。Zhèr bù kěyǐ chōuyān.
"应该"	你应该去看医生。Nǐ yīnggāi qù kàn yīshēng.
	我不应该这么说。Wǒ bù yīnggāi zhème shuō.

④．動作の表し方

完了「〜した」　　　動詞＋"了"

我吃了。Wǒ chī le.

我去了图书馆，借了两本书。Wǒ qùle túshūguǎn, jièle liǎng běn shū.

経験「〜をしたことがある」　　動詞＋"过"

我去过香港。Wǒ qùguo Xiānggǎng.

我没打过篮球。Wǒ méi dǎguo lánqiú.

進行「〜しているところだ」　　"在""正""正在"＋動詞

我在做作业。Wǒ zài zuò zuòyè.

姐姐（正）在看电视（呢）。Jiějie (zhèng) zài kàn diànshì (ne).

持続「〜している」　　動詞＋"着"

她穿着红毛衣。Tā chuānzhe hóng máoyī.

我听着音乐跑步。Wǒ tīngzhe yīnyuè pǎobù.

5．補語の種類

様態補語 —— 程度や動作の様子を表す

　　他吃**得**很少。Tā chīde hěn shǎo.

　　他（说）汉语说**得**很好。Tā (shuō) Hànyǔ shuōde hěn hǎo.

方向補語 —— 動作の方向を表す

　　妈妈回**来**了。Māma huílai le.〔単純方向補語〕

　　她走**进**教室**来**。Tā zǒujìn jiàoshì lai.〔複合方向補語〕

結果補語 —— 動作の結果を表す

　　我吃**饱**了。Wǒ chībǎo le.

　　老师的话你听**懂**了吗？Lǎoshī de huà nǐ tīngdǒng le ma？

可能補語 —— 動作の可能、不可能を表す

　　你看**得**清黑板吗？—— 我看**不**清。

　　Nǐ kàndeqīng hēibǎn ma？—— Wǒ kànbuqīng.

　　我听**不**懂法语。Wǒ tīngbudǒng Fǎyǔ.

動量補語 —— 動作が行われる回数を表す　　動詞＋回数（＋目的語）

　　我来过**三次**日本。Wǒ láiguo sān cì Rìběn.

　　这个电影我看了**四遍**。Zhège diànyǐng wǒ kànle sì biàn.

時量補語 —— 動作を行う時間量を表す　　動詞＋時間量（＋目的語）

　　我打了**五个小时**工。Wǒ dǎle wǔ ge xiǎoshí gōng.

　　我休息了**两天**。Wǒ xiūxile liǎng tiān.

6．その他の文型や構文

連動文　　主語＋動詞1（＋目的語）＋動詞2（＋目的語）

　　哥哥去中国留学。Gēge qù Zhōngguó liúxué.

　　我骑自行车去学校。Wǒ qí zìxíngchē qù xuéxiào.

二重目的語文　　主語＋動詞＋目的語1＋目的語2

　　老师教我们汉语。Lǎoshī jiāo wǒmen Hànyǔ.

　　我给你一个礼物。Wǒ gěi nǐ yí ge lǐwù.

兼語文　　主語＋動詞１＋【目的語１／主語】＋動詞２＋目的語２

我请你吃饭吧。Wǒ qǐng nǐ chī fàn ba.

老师叫我们背课文。Lǎoshī jiào wǒmen bèi kèwén.

"是～的"構文 —— 時間、場所、手段・方法などを強調する

她是从北京来的。Tā shì cóng Běijīng lái de.

我是坐地铁来的。Wǒ shì zuò dìtiě lái de.

７．注意すべきポイント

08

３つの"在"

動詞「いる、ある」　　邮局**在**学校旁边。Yóujú zài xuéxiào pángbiān.

介詞「～で」　　　　　我**在**便利店打工。Wǒ zài biànlìdiàn dǎgōng.

副詞「～している」　　我**在**学汉语。Wǒ zài xué Hànyǔ.

"了"の用法

アスペクト助詞の"了" —— 動作の完了を表す

我买**了**很多书。Wǒ mǎile hěn duō shū.

我拿**了**她的杂志。Wǒ nále tā de zázhì.

語気助詞の"了" —— 状態の変化、新しい事態の発生などを表す

天气暖和**了**。Tiānqì nuǎnhuo le.〔状態の変化を表す〕

作业做完**了**。Zuòyè zuòwán le.〔新しい事態の発生を表す〕

２つの"了" —— 動詞の後に用いるアスペクト助詞、文末に用いる語気助詞

我写（**了**）信**了**。Wǒ xiě(le) xìn le.

我下**了**课，就去打工**了**。Wǒ xiàle kè, jiù qù dǎgōng le.

中国の地図を見てみましょう。直轄市、省、自治区、特別行政区、主要都市などの名称を中国語で発音できるようにしたいですね。各省の名称は、主要な河川や湖などの自然環境と深く関連しているので、代表的な名称を確認しましょう。中国全土を南北、東西に区分する地理的境界線からは、文化や社会状況などの特徴を概観できます。中国の地図を広げて確認しながら、単語や本文を発音してください。

(09)
经过¹⁾ 一段²⁾ 时间 的 学习， 大家 应该❶ 对 中国 地理
Jīngguò yíduàn shíjiān de xuéxí, dàjiā yīnggāi duì Zhōngguó dìlǐ

有了 一定³⁾ 的 了解。 下面⁴⁾ 学习 一些 更 具体 的 知识⁵⁾ 吧！
yǒule yídìng de liǎojiě. Xiàmiàn xuéxí yìxiē gèng jùtǐ de zhīshi ba!

(10)
其实⁶⁾， 中国 很 多 省份⁷⁾ 的 名字 都 和 地理 有
Qíshí, Zhōngguó hěn duō shěngfèn de míngzi dōu hé dìlǐ yǒu

关系。 例如， 河南 省 与 河北 省 的 分界线⁸⁾ 是 黄河，
guānxi. Lìrú, Hénán Shěng yǔ Héběi Shěng de fēnjièxiàn shì Huánghé,

湖南 省 与 湖北 省 中间 有 一 个 洞庭 湖。 黑龙江
Húnán Shěng yǔ Húběi Shěng zhōngjiān yǒu yí ge Dòngtíng Hú. Hēilóngjiāng

省 与 青海 省 的 名字， 都 来自❷ 河流⁹⁾、 湖泊¹⁰⁾。
Shěng yǔ Qīnghǎi Shěng de míngzi, dōu láizì héliú、 húpō.

(11)
大家 都 知道， 中国 是 一 个 多 民族 国家。 其中，
Dàjiā dōu zhīdao, Zhōngguó shì yí ge duō mínzú guójiā. Qízhōng,

西南 边境¹¹⁾ 上 的 云南 省， 是 中国 少数 民族 种类¹²⁾
xīnán biānjìng shang de Yúnnán Shěng, shì Zhōngguó shǎoshù mínzú zhǒnglèi

最 多 的 省份。 有 一些 少数 民族 只 生活在❸ 云南
zuì duō de shěngfèn. Yǒu yìxiē shǎoshù mínzú zhǐ shēnghuózài Yúnnán

地区， 例如 傣族¹³⁾、 白族¹⁴⁾ 等。 秦岭 淮河 线¹⁵⁾， 简称¹⁶⁾
dìqū, lìrú Dǎizú、 Báizú děng. Qínlǐng Huáihé xiàn, jiǎnchēng

---

1) **经过**：〜を経て、〜によって　 2) **一段**：一段、ひと区切り　 3) **一定**：一定の　 4) **下面**：次、以下　 5) **知识**：知識　 6) **其实**：じつは　 7) **省份**：省　 8) **分界线**：境界線　 9) **河流**：河川　 10) **湖泊**：湖　 11) **边境**：国境　 12) **种类**：種類　 13) **傣族**：タイ族　 14) **白族**：ペー族　 15) **秦岭淮河线**：秦嶺山脈と淮河を結ぶ線（＝秦淮线）　 16) **简称**：略称

秦淮 线， 它 是 区分 中国 北方 和 南方 的 重要
Qínhuái xiàn, tā shì qūfēn Zhōngguó běifāng hé nánfāng de zhòngyào

分界线。 在 这 条 线 的 北面 和 南面， 自然 条件 和
fēnjièxiàn. Zài zhè tiáo xiàn de běimiàn hé nánmiàn, zìrán tiáojiàn hé

文化 习俗[17] 等， 都 有 明显[18] 的 不同。 另[19] 一 条 重要
wénhuà xísú děng, dōu yǒu míngxiǎn de bùtóng. Lìng yì tiáo zhòngyào

的 分界线 是 黑河 腾冲 线[20]。 它 从 人口 分布 与
de fēnjièxiàn shì Hēihé Téngchōng xiàn. Tā cóng rénkǒu fēnbù yǔ

经济 格局[21] 上， 划分[22]了 中国 的 东南 与 西北。 中国
jīngjì géjú shang, huàfēnle Zhōngguó de dōngnán yǔ xīběi. Zhōngguó

绝大 部分 的 人口 都 集中在❸ 这 条 线 的 东南边，
juédà bùfen de rénkǒu dōu jízhōngzài zhè tiáo xiàn de dōngnánbiān,

东南部 的 农业[23] 与 经济 也 更 发达[24]。
dōngnánbù de nóngyè yǔ jīngjì yě gèng fādá.

中国 是 一 个 国土 辽阔[25]， 内部 差异[26] 巨大 的 ⑫
Zhōngguó shì yí ge guótǔ liáokuò, nèibù chāyì jùdà de

国家。 这 种 差异， 体现在❸ 自然 环境[27] 的 不同， 民族
guójiā. Zhè zhǒng chāyì, tǐxiànzài zìrán huánjìng de bùtóng, mínzú

文化 的 区别， 经济 发展 的 不 平衡[28] 等 方面。 理解 这
wénhuà de qūbié, jīngjì fāzhǎn de bù pínghéng děng fāngmiàn. Lǐjiě zhè

种 多元性[29]， 是 理解 中国 的 一 个 关键[30]。
zhǒng duōyuánxìng, shì lǐjiě Zhōngguó de yí ge guānjiàn.

地図と行政区分 ▶

---

17) **习俗**：風俗習慣　　18) **明显**：明らかである　　19) **另**：別の、ほかの　　20) **黑河腾冲线**：黒竜江省黒河市から
雲南省騰衝市まで地図上で引いた線　　21) **格局**：構造、形態　　22) **划分**：区分する　　23) **农业**：農業　　24) **发
达**：盛んである　　25) **辽阔**：果てしなく広い　　26) **差异**：差異、違い　　27) **环境**：環境　　28) **平衡**：バランス
29) **多元性**：多様性　　30) **关键**：肝心な点、キーポイント

1 助動詞 "应该"

① 「～しなければならない」「～すべきだ」

经过练习，你**应该**学会发音。
Jīngguò liànxí, nǐ yīnggāi xuéhuì fāyīn.

＊学会：身につける

你**不应该**这么说。
Nǐ bù yìnggāi zhème shuō.

② 「（状況から判断して）～のはずだ」

你现在**应该**会说汉语了吧。
Nǐ xiànzài yīnggāi huì shuō Hànyǔ le ba.

2 動詞 "来自"「～から来る」

我们**来自**五湖四海。
Wǒmen láizì wǔ hú sì hǎi.

＊五湖四海：全国各地

掌声欢迎**来自**中国的朋友们！
Zhǎngshēng huānyíng láizì Zhōngguó de péngyoumen !

＊掌声：拍手

3 動詞＋"在～"「～で／に…している／した」

我**生在**东京，**长在**大阪。
Wǒ shēngzài Dōngjīng, zhǎngzài Dàbǎn.

很多餐厅**集中在**这条街上。
Hěn duō cāntīng jízhōngzài zhè tiáo jiē shang.

＊餐厅：レストラン

> **解説** 中国の行政区は、直轄市、省、自治区、特別行政区に分かれています。行政区の別称や都市名の略称も覚えておくと便利です。たとえば、北京 "京"、上海 "沪"、四川 "川" のように別称があり、"川菜" と言えば "四川菜（四川料理）" です。別称は車のナンバープレートなどでも見かけるほか、鉄道や高速道路などの交通網の表示でも使われています。"京藏高速公路" は北京と "西藏（チベット自治区）" の区都ラサを結ぶ高速道路です。
>
> 地理的な境界線は、東西を結ぶ "秦岭淮河线（秦淮线）"、南北を結ぶ "黑河腾冲线（胡焕庸线）" が特に重要で、気候や食文化の違い、経済や社会情勢などの特徴を見ることができます。中国には世界文化遺産や世界自然遺産も数多く登録されており、オーロラを観察できる最北地から常夏の島まで、広大な全土に豊かな自然があります。

1　日本語訳を参考にして、空欄に入る適切な語句を書き入れなさい。

1）あなたは熱があるので、薬を飲むべきだ。
　　你发烧了，（　　　　　）吃药。　　　　　　　　　　　＊发烧 fāshāo：発熱する

2）私は東京の郊外に住んでいます。
　　我住（　　　　）东京的郊区。　　　　　　　　　　　　＊郊区 jiāoqū：郊外

3）彼女は知らないはずだ。
　　她（　　　　　）不知道吧。

4）全国各地から来た選手たちが試合に参加する。
　　（　　　　　　　）全国各地的选手们参加比赛。
　　　　　　　　　　　　　　　＊选手 xuǎnshǒu：選手　　＊比赛 bǐsài：試合

2　日本語訳を参考に、語句を並べ替えて文を作りなさい。

1）私たちは図書館でものを食べてはいけません。
　　〔图书馆／吃／不／在／东西／应该／我们／。〕

2）彼はあそこに立って何をしているの？
　　〔什么／他／在／那儿／站／呢／做／？〕

3）みなさまは世界各国からいらっしゃいました。
　　〔各国／各位／来自／世界／。〕　　　　　　　　＊各位 gèwèi：みなさん

3　学習したポイントを参照して、中国語に訳しなさい。

1）あなたは病院に行って診察を受けなければなりません。
　　　　　　　　　　　　　　　　　　　　＊診察を受ける：看病 kànbìng

2）彼はずっと海外で生活しています。
　　　　　　　　　　　　　　　　　　　　　　＊ずっと：一直 yìzhí

3）お尋ねしますが、名前はどこに書くべきでしょうか。
　　　　　　　　　　　　　　　　　　　　＊お尋ねします：请问 qǐngwèn

4）あの留学生はどこから来たのですか。

中国の通貨は、中国人民銀行が発行する"人民币 rénmínbì"（人民元）です。デジタル化が急速に進み、キャッシュレス決済が浸透しているために財布を持たない人も多いようですが、あらためて人民元の紙幣を観察してみましょう。表面は毛沢東の肖像画のほかにさまざまな花が描かれ、裏面には少数民族が使用する言語の文字が記されています。世界遺産に登録されている景勝地なども描かれているので、自然や文化を知るヒントになります。

(14)

中国　　使用　　的　　货币[1)] 叫　人民币。　人民币　纸币[2)] 的
Zhōngguó shǐyòng de huòbì jiào rénmínbì. Rénmínbì zhǐbì de

正面,　　都　　是　毛　泽东　的　肖像。　背面　的　图案[3)] 却[1] 各
zhèngmiàn, dōu shì Máo Zédōng de xiàoxiàng. Bèimiàn de tú'àn què gè

有　不同[4)]。　通过[2] 这些　图案,　就　能　了解　中国　人文[5)] 与
yǒu bùtóng. Tōngguò zhèxiē tú'àn, jiù néng liǎojiě Zhōngguó rénwén yǔ

自然　的　多样性。
zìrán de duōyàngxìng.

(15)

1 元　到　100 元　纸币　的　背面[6)],　分别[7)] 是　中国　各地
Yì yuán dào yìbǎi yuán zhǐbì de bèimiàn, fēnbié shì Zhōngguó gèdì

的　风景　名胜[8)]。　1 元　纸币　上　的　取景地[9)] 是　西湖　的
de fēngjǐng míngshèng. Yì yuán zhǐbì shang de qǔjǐngdì shì Xīhú de

三潭印月[10)],　它　是　江南　水上　园林[11)] 的　代表。　5 元　纸币
Sāntányìnyuè, tā shì Jiāngnán shuǐshàng yuánlín de dàibiǎo. Wǔ yuán zhǐbì

的　图案　是　泰山。　上面　有　"五岳　独　尊[12)]"　四　个　字,
de tú'àn shì Tàishān. Shàngmiàn yǒu "Wǔyuè dú zūn" sì ge zì,

表现了　泰山　在　中国　历史　文化　中　的　独特　地位。　10 元
biǎoxiànle Tàishān zài Zhōngguó lìshǐ wénhuà zhōng de dútè dìwèi. Shí yuán

纸币　上　描绘[13)] 的　是　长江　三峡　的　入口处。　三峡　整体[14)]
zhǐbì shang miáohuì de shì Chángjiāng Sānxiá de rùkǒuchù. Sānxiá zhěngtǐ

---

1) 货币：貨幣　　2) 纸币：紙幣　　3) 图案：デザイン　　4) 各有不同：それぞれに異なる　　5) 人文：人文、人類の文化、世の中のこと　　6) 背面：裏　　7) 分别：それぞれに　　8) 名胜：名所　　9) 取景地：背景や構図を選んだ場所　　10) 三潭印月：西湖に浮かぶ最大の島　　11) 园林：庭園　　12) 五岳独尊：泰山の別称　　13) 描绘：描写する　　14) 整体：全体

上　江面[15]窄[16]、水流　快，著名　的　三峡　大坝[17]就　修建[18]在
shang　jiāngmiàn zhǎi、　shuǐliú kuài, zhùmíng de Sānxiá dàbà jiù xiūjiànzài

它　的　出口处。人们　常　说　"桂林　山水　甲天下[19]"，印在
tā de chūkǒuchù. Rénmen cháng shuō "Guìlín shānshuǐ jiǎtiānxià", yìnzài

20　元　纸币　上　的　景色　就　是　这里。漓江　两岸　风景
èrshí yuán zhǐbì shang de jǐngsè jiù shì zhèli. Líjiāng liǎng'àn fēngjǐng

如　画，乘　船　游览　是　最佳　选择[20]。50　元　纸币　上　的
rú huà, chéng chuán yóulǎn shì zuìjiā xuǎnzé. Wǔshí yuán zhǐbì shang de

布达拉宫[21]，是　西藏[22]文化　的　象征[23]，也　是　世界　上
Bùdálāgōng, shì Xīzàng wénhuà de xiàngzhēng, yě shì shìjiè shang

海拔　最　高　的　宫殿。最后，100　元　纸币　上　的　图案　是
hǎibá zuì gāo de gōngdiàn. Zuìhòu, yìbǎi yuán zhǐbì shang de tú'àn shì

人民　大会堂。这里　是　人民　代表　大会　的　举行[24]地点，
Rénmín dàhuìtáng. Zhèli shì Rénmín dàibiǎo dàhuì de jǔxíng dìdiǎn,

寄托[25]了　"人民　当　家　作　主[26]"　的　美好[27]理念。
jìtuōle "rénmín dāng jiā zuò zhǔ" de měihǎo lǐniàn.

　　人民币　上　的　图案，来自　中国　的　不同　民族　与　地区。(16)
　　Rénmínbì shang de tú'àn, láizì Zhōngguó de bùtóng mínzú yǔ dìqū.

薄薄❸　的　一　张　纸币，反映了　中国　自然　的　多样　与
Báobáo de yì zhāng zhǐbì, fǎnyìngle Zhōngguó zìrán de duōyàng yǔ

差异，还　表现了　文化　的　传承[28]与　革新。
chāyì, hái biǎoxiànle wénhuà de chuánchéng yǔ géxīn.

【参考】
人民網日本語版
第 5 版人民元の記事

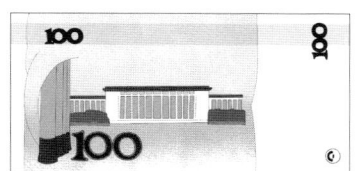

15）江面：川面　16）窄：狭い　17）三峡大坝：三峡ダム　18）修建：修築する　19）桂林山水甲天下：桂林
の山水は天下一　20）选择：選択する　21）布达拉宫：ポタラ宮　22）西藏：チベット　23）象征：象徴
24）举行：挙行する、実行する　25）寄托：託す　26）人民当家作主：人民が主人公になる　27）美好：素晴ら
しい　28）传承：伝承する

1 副詞 "却"「〜のに」「かえって」「ところが」

春天到了，**却**还有点儿冷。
Chūntiān dào le, què hái yǒudiǎnr lěng.

今天很累，**却**睡不着觉。
Jīntiān hěn lèi, què shuìbuzháo jiào.　　　　　　　　　　　＊睡不着觉：眠れない

2 前置詞 "通过"「〜を通じて」「〜によって」

我们**通过**翻译进行采访。
Wǒmen tōngguò fānyì jìnxíng cǎifǎng.　　　　　　　　　　＊采访：インタビュー

通过你的介绍，我和他认识了。
Tōngguò nǐ de jièshào, wǒ hé tā rènshi le.

3 形容詞の重ね型　　　様子や状態をより具体的に描写する
▷述語になるときは文末に "的" が付くことが多い。

资料上有说明，**清清楚楚**的。
Zīliào shang yǒu shuōmíng, qīngqīngchǔchǔ de.　　　　　＊清楚：はっきりしている

大象有**大大**的耳朵、**长长**的鼻子。　　　　　　　　　　　＊大象：ゾウ
Dàxiàng yǒu dàdà de ěrduo, chángcháng de bízi.　　　　　＊耳朵：耳

解説　　人民元の紙幣は1元から100元まで額面によって色が異なり、とてもカラフルです。すべての紙幣の表面に毛沢東の肖像がデザインされています。本文で紹介したとおり裏面のデザインが異なるので、機会があれば手に取ってじっくり見てみたいですね。
　通貨のデザインはその国の歴史や文化を象徴しています。1987年から10年間発行され、2018年に完全流通停止となった第4版の旧紙幣は、現在の紙幣とはまったく異なるデザインで現代中国の変遷を象徴していました。たとえば、1〜10元までの旧紙幣にはさまざまな少数民族が描かれ、その顔立ちや民族衣装なども特徴的でした。旧50元札は労働者たちの力強い表情が印象的で、社会主義国としてのメッセージを読み取ることもできます。旧100元札には毛沢東だけでなく、朱徳、劉少奇、周恩来の姿もあり、4人の政治指導者の横顔が並んでいました。通貨のデザインには、現代中国を知るためのさまざまなヒントが隠されています。

1　日本語訳を参考にして、空欄に入る適切な語句を書き入れなさい。

1）友人の推薦で、私はこの仕事を見つけました。
　　（　　　　　　　　）朋友的推荐，我找到了这份工作。　　　　　　＊推荐 tuījiàn：推薦

2）私は今夜宿題をしなければいけませんが、ドラマを見たいです。
　　我今晚要做作业，（　　　　　）想看电视剧。　　　　＊电视剧 diànshìjù：テレビドラマ

3）メディアの報道を通じて、私は中国の状況をある程度理解しています。
　　（　　　　　　　　）媒体报道，我对中国的情况有了一定的了解。　＊媒体 méitǐ：メディア

4）これは小さな物語ですが、深い意味があります。
　　这是一个（　　　　　）的故事，但有着（　　　　　）的意义。　　　＊意义 yìyì：意義

2　日本語訳を参考に、語句を並べ替えて文を作りなさい。

1）今日は初めてのアルバイトだけれど、あまり緊張していない。
　　〔不太／打工／今天／却／第一次／紧张／，／。〕　　　　＊紧张 jǐnzhāng：緊張する

2）私たちは先生の紹介で友だちになった。
　　〔通过／朋友／介绍／我们／老师／成为／的／。〕　　　　＊成为 chéngwéi：～になる

3）真っ白い雪が静かな湖に降っている。
　　〔雪／白白／静静／的／的／湖上／落在／。〕　　　　　　＊落 luò：落ちる、降る

3　学習したポイントを参照して、中国語に訳しなさい。

1）私は洋服を買いに行きたいけれど、お金がない。

2）私たちは中国語の学習を通して中国を理解する。

3）私たちはEメールで交流する。
　　　　　　　　　　　　　　　　　　　　　　　　　＊Eメール：邮件 yóujiàn

4）あの高い塔はテレビ塔です。
　　　　　　　　　　　　　　　　　　　　　　　　　＊テレビ塔：电视塔 diànshìtǎ

中国は多民族国家で、人口の大多数を占める漢族のほかに55の少数民族が共存しています。自治区が制定されているチベット族、ウイグル族、チワン族、回族、モンゴル族のほかにも、全国各地にさまざまな民族が居住しています。西南地域は特に少数民族が多く、多様な言語や文化を有しています。ここでは、雲南省、貴州省、湖南省に広く居住している苗族（ミャオ族）に注目してみましょう。服飾、装飾、建築、食文化などさまざまな魅力を紹介します。

18
少数　民族　都　有　自己　的　传统　服饰，　其中　苗族　的
Shǎoshù mínzú dōu yǒu zìjǐ de chuántǒng fúshì, qízhōng Miáozú de

服饰　非常　特别。　苗族　女性　盛装1)　时　服装　精美2)，　还
fúshì fēicháng tèbié. Miáozú nǚxìng shèngzhuāng shí fúzhuāng jīngměi, hái

佩戴3)　大量　的　银饰4)。　她们　的　银饰，　讲究5)　大、　重、　多，
pèidài dàliàng de yínshì. Tāmen de yínshì, jiǎngjiū dà, zhòng, duō,

整体　工艺　细致6)　又　华丽7)。　这　是　审美8)　意识　的　体现，
zhěngtǐ gōngyì xìzhì yòu huálì. Zhè shì shěnměi yìshí de tǐxiàn,

也　是　家庭　富裕　的　象征。
yě shì jiātíng fùyù de xiàngzhēng.

19
作为❶　一　个　历史　悠久　的　民族，　苗族　独特　的　传统
Zuòwéi yí ge lìshǐ yōujiǔ de mínzú, Miáozú dútè de chuántǒng

与　文化，　不仅❷　反映在　服饰　上，　还　体现在　建筑、　饮食
yǔ wénhuà, bùjǐn fǎnyìngzài fúshì shang, hái tǐxiànzài jiànzhù, yǐnshí

等　方方面面9)。　吊脚楼10)　是　苗族　的　传统　建筑，　通常　在
děng fāngfāngmiànmiàn. Diàojiǎolóu shì Miáozú de chuántǒng jiànzhù, tōngcháng zài

靠近11)　山川、　河流　的　地方，　配合12)　地形　建造。　吊脚楼　一般
kàojìn shānchuān, héliú de dìfang, pèihé dìxíng jiànzào. Diàojiǎolóu yìbān

分　三　层。　上层　通风13)　效果　好，　可以　储存14)　粮食15)。
fēn sān céng. Shàngcéng tōngfēng xiàoguǒ hǎo, kěyǐ chǔcún liángshi.

---

1) **盛装**：盛装、立派な服装　2) **精美**：精巧で美しい　3) **佩戴**：身に付ける　4) **银饰**：銀の装飾品　5) **讲究**：重視する、こだわる　6) **细致**：精密である　7) **华丽**：華やかで美しい　8) **审美**：審美、美を理解する
9) **方方面面**：各方面　10) **吊脚楼**：後部を支柱で支えて建てた家　11) **靠近**：近づく　12) **配合**：組み合わせる、釣り合いがとれている　13) **通风**：風通し　14) **储存**：貯蔵する　15) **粮食**：食糧

中层　　建在　　平稳　　的　　地面　　上，　是　居住　空间。　下层　是
Zhōngcéng jiànzài píngwěn de dìmiàn shang, shì jūzhù kōngjiān. Xiàcéng shì

半　悬空　结构[16)，　可以　堆放[17)　杂物[18)　或　圈养[19)　牲畜[20)。
bàn xuánkōng jiégòu, kěyǐ duīfàng záwù huò juànyǎng shēngchù.

这样　的　结构　实用　又　美观[21)，　体现了　苗族　尊重、  ⟨20⟩
Zhèyàng de jiégòu shíyòng yòu měiguān, tǐxiànle Miáozú zūnzhòng,

顺应[22)　自然　的　观念。　在　饮食　方面，　苗族　更　喜爱[23)　酸辣
shùnyìng zìrán de guānniàn. Zài yǐnshí fāngmiàn, Miáozú gèng xǐ'ài suānlà

风味[24)。　他们　吃　各种　腌制　食品[25)，　还　经常　用　米汤　或
fēngwèi. Tāmen chī gèzhǒng yānzhì shípǐn, hái jīngcháng yòng mǐtāng huò

豆腐水　发酵　的　酸汤　调味[26)。　例如，　酸汤鱼[27)　就　是　一
dòufushuǐ fājiào de suāntāng tiáowèi. Lìrú, suāntāngyú jiù shì yí

道[28)　很　有　代表性　的　苗族菜。
dào hěn yǒu dàibiǎoxìng de Miáozúcài.

虽然❸　汉族　占　人口　的　绝大　多数，　但　中国　是　一 ⟨21⟩
Suīrán Hànzú zhàn rénkǒu de juédà duōshù, dàn Zhōngguó shì yí

个　多民族　国家。　每　一　个　少数　民族，　都　有　他们　独特
ge duōmínzú guójiā. Měi yí ge shǎoshù mínzú, dōu yǒu tāmen dútè

的　文化。　或许[29)，　这　就　是　中国　的　魅力　吧。
de wénhuà. Huòxǔ, zhè jiù shì Zhōngguó de mèilì ba.

【参考】
貴州省日本観光センター
少数民族の暮らす村

---

16) 半悬空结构：中空構造　　17) 堆放：積んでおく　　18) 杂物：雑多なもの　　19) 圈养：（家畜を柵に）囲って飼
育する　　20) 牲畜：家畜　　21) 美观：きれいである　　22) 顺应：順応する　　23) 喜爱：好む　　24) 酸辣风
味：酸味と辛味のある風味　　25) 腌制食品：塩漬けの食品　　26) 酸汤调味：酸味のあるスープの味付け　　27) 酸
汤鱼：酸味のあるスープで調理した魚　　28) 道：～品（料理を出す回数を数える量詞）　　29) 或许：あるいは

1 前置詞"作为"「～として」

作为学生，要努力取得好成绩。
Zuòwéi xuésheng, yào nǔlì qǔdé hǎo chéngjì.

＊取得：手に入れる

作为运动员，我必须每天锻炼身体。
Zuòwéi yùndòngyuán, wǒ bìxū měitiān duànliàn shēntǐ.

＊运动员：スポーツ選手
＊锻炼身体：体を鍛える

2 "不仅～，还／也…"「～だけでなく、また…でもある」

北京不仅是政治中心，还是历史古都。
Běijīng bùjǐn shì zhèngzhì zhōngxīn, hái shì lìshǐ gǔdū.

这不仅是我的目标，也符合大家的利益。
Zhè bùjǐn shì wǒ de mùbiāo, yě fúhé dàjiā de lìyì.

＊目标：目標
＊符合：合致する

3 "虽然～，但(是)…"「～ではあるが、しかし…」

虽然打工很累，但可以赚钱。
Suīrán dǎgōng hěn lèi, dàn kěyǐ zhuàn qián.

＊赚钱：金を儲ける

虽然很臭，但我喜欢吃臭豆腐。
Suīrán hěn chòu, dàn wǒ xǐhuan chī chòudòufu.

解説 56 の民族を有する中国では、身近な生活の中でも多民族国家であることを実感できます。たとえば、大学の食堂には少数民族の飲食文化を尊重したメニューがあります。回族やウイグル族などのイスラム教徒が食べることを許されている食品は「ハラール」と呼ばれ、指定の表示があります。イスラム法で禁じられている食材が使われないように配慮されています。

少数民族の言語や文化は、中国の多様性を象徴する魅力のひとつといえるでしょう。中国政府は各民族固有の文化を保全する政策を打ち出していますが、その実態について具体的に調べてみるのも興味深いですね。少数民族が暮らす地域に目を向けると、中国地図の見え方が少し変わるかもしれません。今回紹介した苗族は、雲南省や貴州省のほか、タイ、ミャンマー、ラオス、ベトナムにも居住しています。少数民族の視点で見れば、中国国内の行政区や周辺諸国との国境にも異なる姿が浮かび上がってくるといえるでしょう。

1　日本語訳を参考にして、空欄に入る適切な語句を書き入れなさい。

1）新人として、私は先輩の意見を聞かなければならない。
（　　　　　）新人，我应该听前辈的意见。　　　　　＊前辈 qiánbèi：先輩

2）ここは割引があるだけでなく、たくさんのプレゼントもある。
这儿（　　　　　）有打折，（　　　　　）有很多赠品。　　＊赠品 zèngpǐn：プレゼント

3）多くの困難があっても、私はきっとやり遂げられる。
（　　　　　）有很多困难，（　　　）我一定能做到。　　＊困难 kùnnan：困難

4）この料理はおいしいだけでなく、健康にも役立ちます。
这道菜（　　　　　）美味可口，（　　　）对身体健康有益。
＊美味可口 měiwèi kěkǒu：美味である　　＊有益 yǒuyì：有益である

2　日本語訳を参考に、語句を並べ替えて文を作りなさい。

1）彼は高齢だが、体調はよい。
〔年纪／他／身体／很／虽然／很／大／好／但／，／。〕　　＊年纪 niánjì：年齢

2）母親として、彼女は子どもの未来を特に心配している。
〔母亲／孩子／特别／的／作为／她／担心／未来／，／。〕
＊担心 dānxīn：心配する

3）携帯電話は電話をかけられるだけでなく、写真を撮ることもできる。
〔不仅／拍照／手机／打／可以／可以／电话／还／，／。〕
＊拍照 pāizhào：写真を撮る

3　学習したポイントを参照して、中国語に訳しなさい。

1）クラスメートとして、互いに助け合わなければならない。
＊互いに：互相 hùxiāng

2）彼は英語が話せるだけでなく、中国語も話せる。

3）今日は天気がよくないけれど、私は必ず行く。
＊天気：天气 tiānqì

4）中国語の発音は難しいですが、私はマスターしたいです。
＊マスターする：学好 xuéhǎo

広大な国土と約14億人の人口を有する中国には、地域間の経済格差などさまざまな課題があります。深圳や上海などの大都市では、最先端の科学技術が世界をリードしていますが、内陸部や農村地域など経済的に立ち後れた地域も残されているのが実情です。「共同富裕」を掲げる政府は、大規模な開発プロジェクトを全国で展開しています。本文で紹介する「農民工」や「留守児童」などは、政府と民間の協力が求められる社会的課題です。

23

中国　地图　上，　通常　只　有　省会　城市¹⁾，　比如　北　上
Zhōngguó dìtú　shang, tōngcháng zhǐ　yǒu　shěnghuì chéngshì,　bǐrú　Běi Shàng

广　深²⁾，　成都　重庆　等。　它们　都　是　繁华³⁾　的　大
Guǎng Shēn,　Chéngdū Chóngqìng děng.　Tāmen　dōu　shì　fánhuá　de　dà

都市。　但　实际上，　中国　还　有　不少　贫困、　落后⁴⁾　的　地区。
dūshì.　Dàn　shíjìshang, Zhōngguó hái　yǒu　bùshǎo　pínkùn,　luòhòu　de　dìqū.

24

例如，　黑河　腾冲　线　的　东南　和　西北　两侧，　人口
Lìrú,　Hēihé Téngchōng xiàn　de　dōngnán　hé　xīběi　liǎngcè,　rénkǒu

密度　和　经济　发展　水平⁵⁾　差距　都　很　大。　为了❶　促进⁶⁾
mìdù　hé　jīngjì　fāzhǎn　shuǐpíng chājù　dōu　hěn　dà.　Wèile　cùjìn

西北　地区　的　发展，　中国　从　2000　年　起，　开始了
xīběi　dìqū　de　fāzhǎn,　Zhōngguó cóng　èr líng líng líng nián　qǐ,　kāishǐle

"西部　大　开发⁷⁾"　项目⁸⁾。　其中　包括⁹⁾　西　电　东　输¹⁰⁾、　南
"Xībù　dà　kāifā"　xiàngmù.　Qízhōng bāokuò　xī diàn dōng shū,　nán

水　北　调¹¹⁾、　西　气　东　输¹²⁾、　青藏　铁路¹³⁾，　四　个　主要
shuǐ běi diào,　xī qì dōng shū,　Qīng-Zàng tiělù,　sì　ge　zhǔyào

工程¹⁴⁾。　这些　工程　投入　的　时间　和　经费　巨大，　但　对
gōngchéng.　Zhèxiē gōngchéng tóurù　de　shíjiān　hé　jīngfèi　jùdà,　dàn　duì

---

1) 省会城市：省都　　2) 北上广深：北京・上海・広東・深圳　　3) 繁华：栄えている　　4) 落后：立ち後れている
5) 水平：レベル　　6) 促进：促進する　　7) 西部大开发：西部大開発　　8) 项目：プロジェクト　　9) 包括：～を含む、含める　　10) 西电东输：西部の電力を東部の沿海部に送る政策　　11) 南水北调：南部の水（長江水系の水）を北方（華北・西北地方）に送る政策　　12) 西气东输：西部の天然ガスを東部の沿海部に送る政策　　13) 青藏铁路：チベット鉄道　　14) 工程：工事、プロジェクト

区域 的 平衡 发展, 有着 重要 的 意义。
qūyù de pínghéng fāzhǎn, yǒuzhe zhòngyào de yìyì.

随着 [2] 经济 的 快速 发展, 城乡 15) 差距 也 变得 更 🎧25
Suízhe jīngjì de kuàisù fāzhǎn, chéngxiāng chājù yě biànde gèng

明显 了。 到 城市 里 去 打工 的 农民, 叫做 16) "农民工 17)"。
míngxiǎn le. Dào chéngshì li qù dǎgōng de nóngmín, jiàozuò "nóngmíngōng".

因为 户口 18) 问题, 他们 很 难 19) 在 城市 定居 20) 或 就学,
Yīnwèi hùkǒu wèntí, tāmen hěn nán zài chéngshì dìngjū huò jiùxué,

所以 在 农村 出现了 大量 的 "留守 儿童 21)"。 很 多
suǒyǐ zài nóngcūn chūxiànle dàliàng de "liúshǒu értóng". Hěn duō

孩子, 一 年 里 只有 [3] 到了 春节, 才 能 和 父母 团聚 22)。
háizi, yì nián li zhǐyǒu dàole Chūnjié, cái néng hé fùmǔ tuánjù.

在 农村 人口 占 多数 的 中国, "三农 23)" 即 24) 农村、
Zài nóngcūn rénkǒu zhàn duōshù de Zhōngguó, "sānnóng" jí nóngcūn,

农业、 农民 的 相关 25) 问题, 一直 是 重要 的 课题。
nóngyè, nóngmín de xiāngguān wèntí, yìzhí shì zhòngyào de kètí.

面对 26) 以上 的 各种 难题, 怎么 实现 "共同 富裕 27)" 🎧26
Miànduì yǐshàng de gèzhǒng nántí, zěnme shíxiàn "gòngtóng fùyù"

的 口号 28), 缩小 不同 地区 与 阶层 29) 之间 的 各种 差距,
de kǒuhào, suōxiǎo bùtóng dìqū yǔ jiēcéng zhījiān de gèzhǒng chājù,

是 中国 面临 30) 的 新 挑战。
shì Zhōngguó miànlín de xīn tiǎozhàn.

---

15) **城乡**：都市と農村　16) **叫做**：〜という　17) **农民工**：農民工　18) **户口**：戸籍　19) **难**：〜するのが難しい　20) **定居**：定住する　21) **留守儿童**：留守児童　22) **团聚**：団らんする、集まる　23) **三农**：三農（農業、農村、農民）　24) **即**：すなわち〜である　25) **相关**：関連する　26) **面对**：〜に面して　27) **共同富裕**：社会全体が豊かになる　28) **口号**：スローガン　29) **阶层**：階層　30) **面临**：〜に直面する

1 前置詞 "为了"「～のために」

为了去中国留学，我在打工存钱。
Wèile qù Zhōngguó liúxué, wǒ zài dǎgōng cún qián.

＊存钱：貯金する

为了考取驾照，我要去驾校学习。
Wèile kǎoqǔ jiàzhào, wǒ yào qù jiàxiào xuéxí.

＊驾照：運転免許証
＊驾校：自動車教習所

2 前置詞 "随着"「～につれて」「～に伴って」

随着经济的发展，生活节奏也加快了。
Suízhe jīngjì de fāzhǎn, shēnghuó jiézòu yě jiākuài le.

＊节奏：リズム

随着社会的多元化，年轻人的价值观也有变化。
Suízhe shèhuì de duōyuánhuà, niánqīngrén de jiàzhíguān yě yǒu biànhuà.

＊价值观：価値観

3 "只有～，才…"「～してこそ、はじめて…」

只有吃饱，心情才会好。
Zhǐyǒu chībǎo, xīnqíng cái huì hǎo.

＊吃饱：満腹になる
＊心情：気持ち、気分

只有这么做，才能解决难题。
Zhǐyǒu zhème zuò, cái néng jiějué nántí.

解説　中国の国民であれば誰もが必ず持っている身分証があります。氏名、性別、生年月日、ID番号が記されているほか、特徴的なのは「民族」と「戸籍」の欄がある点です。中国の戸籍制度は「都市戸籍」と「農村戸籍」に分かれ、原則として戸籍がある場所で教育や医療などの社会福祉サービスを受けます。

　改革開放政策によって市場経済化が進み、農村から都市へ出稼ぎに行く「農民工」が急増して中国の成長を支えました。「農村戸籍」をもつ人が都市で生活する場合、「都市戸籍」保有者と同様のサービスを享受することはできず、構造的な格差や差別が生じています。「農民工」の子どもたちは、都市で出稼ぎをする「農民工」の親と離れて、戸籍のある農村で祖父母や親戚と暮らすケースが多いようです。こうした「留守児童」と呼ばれる子どもたちを取り巻く状況は、深刻な社会問題となっています。現在は「農民工」の高齢化や「第二世代農民工」も社会的関心を集めています。

1 日本語訳を参考にして、空欄に入る適切な語句を書き入れなさい。

1）老人は機嫌がよくてこそ、健康で長生きできる。

老年人（　　　　　　　）心情好，（　　　　　　　）能健康长寿。

＊长寿 chángshòu：長寿、長生きする

2）海外旅行に行くために、パスポートを申請する。

（　　　　　　　）去国外旅游，我要申请护照。　　　＊护照 hùzhào：パスポート

3）中国語をレベルアップさせるために、私は毎日練習する。

（　　　　　　　）提高汉语水平，我每天练习。

4）社会の変化につれて、戸籍制度に対して新しい見方がある。

（　　　　　　　）社会的变化，人们对户口制度有了新的看法。

＊制度 zhìdù：制度　　　＊看法 kànfǎ：見方

2 日本語訳を参考に、語句を並べ替えて文を作りなさい。

1）絶えず改革してこそ、社会問題を解決することができる。

〔解决 / 只有 / 改革 / 才 / 不断 / 能 / 社会问题 / ，/ 。〕　　　＊不断 búduàn：絶えず

2）地球温暖化に伴い、国際社会は多くの難題に直面している。

〔全球变暖 / 难题 / 随着 / 国际社会 / 很 / 面临 / 多 / ，/ 。〕

＊全球变暖 quánqiú biànnuǎn：地球温暖化

3）みなさんの健康のために乾杯しましょう。

〔大家 / 健康 / 吧 / 的 / 为了 / 干杯 / ，/ ！〕

3 学習したポイントを参照して、中国語に訳しなさい。

1）中国語を学ぶために、私はよく中国ドラマを見ます。

2）彼女の誕生日を祝うために、私たちはたくさんのプレゼントを準備しました。

＊祝う：庆祝 qìngzhù

3）中国の発展に伴い、中国語を学ぶ外国人も増加した。

＊増加する：增加 zēngjiā

4）たくさん練習してこそ、外国語をマスターできる。

＊たくさん練習する：多练习 duō liànxí

ファッションは社会と時代の変化を象徴しています。中華民国時代に考案された「人民服」は、孫文（孫中山）にちなんで"中山装 Zhōngshān zhuāng"と呼ばれ、中華人民共和国建国後は国民の標準服になった時期もありました。"旗袍 qípáo"（チャイナドレス）は、満族の伝統衣装に洋装のデザインを加えて発展したものです。近年は日常生活でも伝統的なファッションが大人気ですが、新たな変化を遂げている「漢服」のブームについて見てみましょう。

(28)

就　像　日本　有　和服，　中国　也　有　汉服。　汉服，　一般
Jiù xiàng Rìběn yǒu Héfú, Zhōngguó yě yǒu Hànfú. Hànfú, yìbān

指　汉　代、　或是　汉　民族　的　服饰。　但　汉服　也　可以　更
zhǐ Hàn dài, huòshì Hàn mínzú de fúshì. Dàn Hànfú yě kěyǐ gèng

广泛¹⁾　地❶　指　中国　的　各种　传统　服饰。　近年，　中国　的
guǎngfàn de zhǐ Zhōngguó de gèzhǒng chuántǒng fúshì. Jìnnián, Zhōngguó de

"汉服　热²⁾"　不断³⁾　升温⁴⁾。
"Hànfú rè" búduàn shēngwēn.

(29)

汉服　主要　在　年轻人　之间　流行。　从　角色　扮演⁵⁾，　到
Hànfú zhǔyào zài niánqīngrén zhījiān liúxíng. Cóng juésè bànyǎn, dào

日常　出行⁶⁾，　还　有　汉服　展⁷⁾、　汉服　的　时装　秀⁸⁾，　很　多
rìcháng chūxíng, hái yǒu Hànfú zhǎn, Hànfú de shízhuāng xiù, hěn duō

地方　都　能　看到　汉服。　不少　大学　还　成立了　汉服　社⁹⁾，
dìfang dōu néng kàndào Hànfú. Bùshǎo dàxué hái chénglìle Hànfú shè,

他们　会❷　组织　一些　社团　活动¹⁰⁾。　比如，　春天　的　时候，
tāmen huì zǔzhī yìxiē shètuán huódòng. Bǐrú, chūntiān de shíhou,

大家　穿着　汉服　一起　去　赏　花¹¹⁾、　拍照　等等。
dàjiā chuānzhe Hànfú yìqǐ qù shǎng huā, pāizhào děngděng.

(30)

汉服　的　款式¹²⁾、　风格　有　很　多　种，　其中　宽松¹³⁾　的
Hànfú de kuǎnshì, fēnggé yǒu hěn duō zhǒng, qízhōng kuānsōng de

---

1）广泛：広範である、幅広い　　2）汉服热：漢服ブーム　　3）**不断**：絶えず　　4）**升温**：盛り上がる、ブームになる
5）角色扮演：コスプレ　　6）出行：出かける　　7）汉服展：漢服の展覧会　　8）时装秀：ファッションショー
9）汉服社：漢服サークル　　10）社团活动：サークル活動　　11）赏花：お花見　　12）款式：デザイン　　13）**宽松**：ゆったりしている

下摆[14] 比较 常见。 下摆 被❸ 风 吹动[15] 时， 飘飘欲仙[16] 的
xiàbǎi bǐjiào chángjiàn. Xiàbǎi bèi fēng chuīdòng shí, piāopiāoyùxiān de

感觉， 尤其[17] 受到 年轻 女性 的 喜爱[18]。 现在 的 汉服
gǎnjué, yóuqí shòudào niánqīng nǚxìng de xǐ'ài. Xiànzài de Hànfú

文化， 不仅 是 一 种 "复古"， 还是 一 种 "创新[19]"。 比如
wénhuà, bùjǐn shì yì zhǒng "fùgǔ", háishi yì zhǒng "chuàngxīn". Bǐrú

"现代 汉服"， 就 是 在 基本 保留 汉服 款式 的 同时，
"xiàndài Hànfú", jiù shì zài jīběn bǎoliú Hànfú kuǎnshì de tóngshí,

加入了 一些 现代 时装 的 元素[20]， 搭配[21] 也 更 随意[22]
jiārùle yìxiē xiàndài shízhuāng de yuánsù, dāpèi yě gèng suíyì

了。 "现代 汉服" 变得 新潮[23] 了， 适用[24] 的 范围[25] 也 更
le. "Xiàndài Hànfú" biànde xīncháo le, shìyòng de fànwéi yě gèng

广 了。
guǎng le.

汉服 有 漂亮 的 外观， 也 有 深厚 的 传统 底蕴[26]， 🎧31
Hànfú yǒu piàoliang de wàiguān, yě yǒu shēnhòu de chuántǒng dǐyùn,

已经 成为了 中国 文化 软 实力[27] 的 重要 一环[28]。 正 是
yǐjīng chéngwéile Zhōngguó wénhuà ruǎn shílì de zhòngyào yìhuán. Zhèng shì

因为 时尚[29] 与 传统 的 结合， 汉服 才 这么 有 人气 吧。
yīnwèi shíshàng yǔ chuántǒng de jiéhé, Hànfú cái zhème yǒu rénqì ba.

---

14) 下摆：衣服のすそ　　15) 吹动：風にそよぐ　　16) 飘飘欲仙：ふわりと俗世を離れて仙人になりそうな様子、心
地よい　　17) 尤其：特に、とりわけ　　18) 喜爱：好む、愛好する　　19) 创新：イノベーション、新機軸を打ち出
す　　20) 元素：要素　　21) 搭配：組み合わせる　　22) 随意：心のままに、気の向くままに　　23) 新潮：時流に
乗った、流行の　　24) 适用：適用できる　　25) 范围：範囲　　26) 底蕴：文明の蓄積　　27) 软实力：ソフトパ
ワー　　28) 一环：一環　　29) 时尚：流行

1 助詞 **"地"**　　動詞や形容詞を修飾する語をつくる

他认认真真**地**回答问题。
Tā rènrènzhēnzhēn de huídá wèntí.

　　　　　　　　　　　　　　　　　　　　　　　　＊ 认真：真面目である

她很系统**地**研究这个课题。
Tā hěn xìtǒng de yánjiū zhège kètí.

　　　　　　　　　　　　　　　　　　　　　　　　＊ 系统：系統的である

2 助動詞 **"会"**「～かもしれない」「～するはずだ」「～だろう」　　可能性を表す
　　▷判断や確信などの気持ちを表すときは、文末に"的"が付くことが多い。

天气预报说，明天**会**下雨。
Tiānqì yùbào shuō, míngtiān huì xià yǔ.

　　　　　　　　　　　　　　　　　　　　　　　　＊ 天气预报：天気予報

她要打工，不**会**去看电影的。
Tā yào dǎgōng, bú huì qù kàn diànyǐng de.

3 前置詞 **"被"**「～に…される」　　受け身を表す
　　▷"被"の後ろの動作主は省略することもできる。

那本书**被**他借走了。
Nà běn shū bèi tā jièzǒu le.

这棵树**被**台风吹倒了。
Zhè kē shù bèi táifēng chuīdǎo le.

　　　　　　　　　　　　　　　　　　　　＊ 棵：樹木を数える量詞
　　　　　　　　　　　　　　　　＊ 吹倒：（風に）吹かれて倒れる

她**被**选为班长了。
Tā bèi xuǎnwéi bānzhǎng le.

　　　　　　　　　　　　　　　　　　　＊ 选为：～に選ばれる
　　　　　　　　　　　　　　　　　　　　＊ 班长：学級委員長

解説　日本では成人式やお正月に和服を着ることがありますが、中国では伝統的な衣装を身に付ける機会はあまり多くありません。いわゆる「人民服」は、現在では中国共産党の重要な記念日に政治指導者の正装として目にします。チャイナドレスは中国の代表的な服飾文化というイメージがあるかもしれませんが、飲食店などサービス業の女性が着ることが多いようです。
　近年、宮廷ドラマのブームから人気が高まり、伝統的な美しさと現代的なセンスが融合した「漢服」は、コスプレの衣装として大流行しています。SNSやインターネットの通販サイトでも、「漢服」を見かける機会が多くなりました。中国の伝統的な美意識が再評価され、衣服、靴、アクセサリー、化粧品をはじめさまざまなデザインに中国らしさが取り入れられるようになり、国産ブランドも人気を集めています。このようなブームは「国潮」と呼ばれ、美しさや楽しさに加えて、中国文化に対する誇りも共感を呼んでいるようです。

1 日本語訳を参考にして、空欄に入る適切な語句を書き入れなさい。

1）彼は先生にほめられた。

　　他（　　　　）老师表扬了。　　　　　　　　　　　　　　　＊表扬 biǎoyáng：ほめる

2）私はきっとあなたに手紙を書くでしょう。

　　我一定（　　　　）给你写信。

3）彼女は必死に仕事を探している。

　　她在拼命（　　　　）找工作。　　　　　　　　　　　＊拼命 pīnmìng：必死に、死に物狂いで

4）彼女は順調にさまざまなイベントの計画を立てた。

　　她顺利（　　　　）安排了各种活动。

　　　　　　　　　　　＊顺利 shùnlì：順調である　　　＊安排 ānpái：手配する、アレンジする

2 日本語訳を参考に、語句を並べ替えて文を作りなさい。

1）窓は彼に割られてしまった。

　　〔打碎／他／窗户／被／了／。〕　　　　　　　　　　　　　　　＊窗户 chuānhu：窓
　　　　　　　　　　　　　　　　　　　　　　　　　　＊打碎 dǎsuì：（粉々に）壊れる

2）来週はテストがあるだろうか。

　　〔考试／下周／吗／会／有／？〕　　　　　　　　　　　　　＊下周 xiàzhōu：来週

3）みんな楽しく歌い、ダンスをする。

　　〔唱歌／跳舞／高高兴兴／大家／地／、／。〕

3 学習したポイントを参照して、中国語に訳しなさい。

1）私は非常に努力して卒業論文を書きました。

　　　　　　　　　　　　　　　　　　　　　　　＊卒業論文：毕业论文 bìyè lùnwén

2）彼は明日私に電話をかけてくれるでしょう。

3）私は以前、子犬に噛まれたことがあります。

　　　　　　　　　　　　　　　　　　　＊子犬：小狗 xiǎogǒu　　　＊噛む：咬 yǎo

4）私の傘は兄に持って行かれてしまった。

　　　　　　　　　　　　　　　　　　　　　　　　　＊持って行く：拿走 názǒu

中国でもさまざまなグルメの流行があり、"烤肉 kǎoròu"（焼き肉）や "烧烤 shāokǎo"（串焼き）も人気メニューです。各地の伝統的な料理を新しいスタイルで楽しむこともでき、"川菜 Chuāncài"（四川料理）、"粤菜 Yuècài"（広東料理）が特に人気です。今回は、さまざまな食材や味付けを楽しむことができる中国各地の "火锅 huǒguō"（火鍋）を取り上げます。

33

中国　　的　　美食[1]　非常　多，　其中　　火锅　是　现在　最　受
Zhōngguó　de　měishí　fēicháng　duō,　qízhōng　huǒguō　shì　xiànzài　zuì　shòu

欢迎[2]　的　食物　之一。　吃　火锅，　一般　是　边[3]　煮　边　吃，
huānyíng　de　shíwù　zhīyī.　Chī　huǒguō,　yìbān　shì　biān　zhǔ　biān　chī,

大家　可以　挑选[4]　各自　喜爱　的　菜品[5]。　火锅　既❶　味道
dàjiā　kěyǐ　tiāoxuǎn　gèzì　xǐ'ài　de　càipǐn.　Huǒguō　jì　wèidao

鲜美[6]，　又　方便　快捷[7]，　还　食材　多样[8]，　这些　都　是　它
xiānměi,　yòu　fāngbiàn　kuàijié,　hái　shícái　duōyàng,　zhèxiē　dōu　shì　tā

广　受　欢迎　的　原因。
guǎng　shòu　huānyíng　de　yuányīn.

34

提起[9]　火锅，　最　先　想到[10]　的　就　是　重庆　的　麻辣
Tíqǐ　huǒguō,　zuì　xiān　xiǎngdào　de　jiù　shì　Chóngqìng　de　málà

火锅[11]。　其中，　涮[12]　毛肚[13]　最　特别。　麻辣　去除[14]　内脏[15]　的
huǒguō.　Qízhōng,　shuàn　máodǔ　zuì　tèbié.　Málà　qùchú　nèizàng　de

腥味儿[16]，　高温　让❷　食材　熟[17]　得　更　快，　同时　还　保留了
xīngwèir,　gāowēn　ràng　shícái　shúde　gèng　kuài,　tóngshí　hái　bǎoliúle

它　爽脆[18]　的　口感[19]。　除了❸　重庆　火锅，　中国　各地　还　有
tā　shuǎngcuì　de　kǒugǎn.　Chúle　Chóngqìng　huǒguō,　Zhōngguó　gèdì　hái　yǒu

很　多　特别　的　火锅。　例如，　北京　的　涮羊肉[20]。　它　使用
hěn　duō　tèbié　de　huǒguō.　Lìrú,　Běijīng　de　shuànyángròu.　Tā　shǐyòng

---

1) 美食：グルメ　2) 受欢迎：人気がある　3) 边〜边…：〜しながら…する　4) 挑选：選ぶ　5) 菜品：料理、おかず　6) 鲜美：味がよい　7) 快捷：手っ取り早い　8) 多样：多様、さまざま　9) 提起：（〜について）言うと、言い出すと　10) 想到：思いつく　11) 麻辣火锅：麻辣火鍋　12) 涮：しゃぶしゃぶにする　13) 毛肚：牛の胃袋（センマイ）　14) 去除：取り除く　15) 内脏：内蔵　16) 腥味：臭み　17) 熟：煮える　18) 爽脆：歯ごたえがよい　19) 口感：食感　20) 涮羊肉：羊肉のしゃぶしゃぶ

小 烟囱²¹⁾ 似的 铜锅， 用 清汤²²⁾ 涮 薄薄 的 羊肉， 特点²³⁾
xiǎo yāncōng shìde tóngguō, yòng qīngtāng shuàn báobáo de yángròu, tèdiǎn

是 嫩²⁴⁾。
shì nèn.

广东 的 潮州、 汕头 地区， 有名 的 是 牛肉 火锅。 ㉟
Guǎngdōng de Cháozhōu、Shàntóu dìqū, yǒumíng de shì niúròu huǒguō.

吃 潮汕 火锅²⁵⁾ 时， 根据²⁶⁾ 牛肉 部位 的 不同， 需要 涮
Chī Cháoshàn huǒguō shí, gēnjù niúròu bùwèi de bùtóng, xūyào shuàn

的 时间 也 不同。 这样 可以 充分 发挥²⁷⁾ 牛肉 的 筋道²⁸⁾
de shíjiān yě bùtóng Zhèyàng kěyǐ chōngfèn fāhuī niúròu de jīndao

口感。 广东 的 佛山 地区， 还 有 一 种 特别 的 粥底
kǒugǎn. Guǎngdōng de Fóshān dìqū, hái yǒu yì zhǒng tèbié de zhōudǐ

火锅²⁹⁾。 它 用 白粥 做 锅底， 食材 主要 是 海鲜、 青菜，
huǒguō. Tā yòng báizhōu zuò guōdǐ, shícái zhǔyào shì hǎixiān、qīngcài,

最后 粥底 也 可以 一起 食用。 这 道 菜， 体现了 广东人
zuìhòu zhōudǐ yě kěyǐ yìqǐ shíyòng. Zhè dào cài, tǐxiànle Guǎngdōngrén

健康 养生³⁰⁾ 的 理念。
jiànkāng yǎngshēng de lǐniàn.

据说³¹⁾， 火锅 在 中国 有 两千 年 的 历史 了。 现在， ㊱
Jùshuō, huǒguō zài Zhōngguó yǒu liǎngqiān nián de lìshǐ le. Xiànzài,

火锅 不仅 在 中国 很 流行， 还 传播到³²⁾ 了 世界 各地。
huǒguō bùjǐn zài Zhōngguó hěn liúxíng, hái chuánbōdàole shìjiè gèdì.

所以 说， 美食 不分 古今³³⁾ 与 国界³⁴⁾。
Suǒyǐ shuō, měishí bùfēn gǔjīn yǔ guójiè.

---

21) **小烟囱**：小さな煙突　22) **清汤**：具のないスープ　23) **特点**：特徴　24) **嫩**：やわらかい　25) **潮汕火锅**：潮汕（潮州、汕头）火鍋　26) **根据**：～によれば　27) **发挥**：発揮する　28) **筋道**：歯ごたえがある、腰がある　29) **粥底火锅**：おかゆの火鍋　30) **养生**：養生する、健康法　31) **据说**：聞くところによれば～だそうだ　32) **传播到**：～に伝わる　33) **古今**：古今　34) **国界**：国境

1 "既～，又／也…（，还…）"「～でもあれば、…でもある」

这家餐厅**既**好吃，**又**实惠。
Zhè jiā cāntīng jì hǎochī, yòu shíhuì.

＊实惠：実利的である、お得である

她**既**是音乐家，**又**是画家，**还**会写诗。
Tā jì shì yīnyuèjiā, yòu shì huàjiā, hái huì xiě shī.

2 動詞 "让"「（…に）～させる」　　使役を表す

妈妈**让**我去买水果。
Māma ràng wǒ qù mǎi shuǐguǒ.

这部电影**让**我很感动。
Zhè bù diànyǐng ràng wǒ hěn gǎndòng.

3 "除了～，还…"「～を除いて／～のほか、まだ…」

除了猪肉，**还**有鸡肉、牛肉、羊肉。
Chúle zhūròu, hái yǒu jīròu, niúròu, yángròu.

除了螃蟹以外，我**还**不能吃虾。
Chúle pángxiè yǐwài, wǒ hái bù néng chī xiā.

＊螃蟹：カニ
＊虾：エビ

解説　日本では「ガチ中華」が話題になり、簡体字の看板やメニューを出している飲食店を見かける機会が増えました。中国の代表的な鍋料理である"火锅"も人気です。中国では季節にかかわらず火锅が好まれています。寒い冬に体を温めるだけでなく、暑い夏に汗をかきながら食べて新陳代謝を促進する効果もあるようです。大勢で鍋を囲むのが一般的ですが、一人用の小さい鍋で気軽に楽しむことができるチェーン店もあります。

　本文で紹介した重慶、北京、広東のほかにも、中国各地の特徴的な火锅があります。たとえば、貴州では少数民族の飲食文化を取り入れた"酸汤鱼火锅"、雲南では豊富なキノコ類を味わう"野生菌火锅"、東北地方では"酸菜白肉火锅"などが有名です。食材に火を通す表現はいろいろありますが、ほどよい火加減でしゃぶしゃぶすることを"七上八下"といいます。おいしい料理を楽しみながら、新しい単語やフレーズを覚えられたらいいですね。

1 日本語訳を参考にして、空欄に入る適切な語句を書き入れなさい。

1）クラスメートたちに大きな声で一緒に発音させる。
（　　　　）同学们一起大声发音。

2）パクチーのほかに、まだ何か口にするのを避けているものはありますか。
（　　　　）香菜，你（　　　　）有什么忌口的吗?
　　　　　　＊香菜 xiāngcài：パクチー　　＊忌口 jìkǒu：口にするのを避ける、特定の食物を絶つ

3）私たちの学校には大きな図書館もあれば、小さな閲覧室もあります。
我们学校（　　　　）有大的图书馆，（　　　　）有小的阅览室。
　　　　　　　　　　　　　　　　　　　　　　　　　　　＊阅览室 yuèlǎnshì：閲覧室

4）紹興酒もあれば、ワインもあって、ほかに白酒もあり、何でもあります。
（　　　　）有绍兴酒，（　　　　）有葡萄酒，（　　　　）有白酒，什么都有。
　　　　　　＊绍兴酒 Shàoxīngjiǔ：紹興酒　　＊葡萄酒 pútaojiǔ：ワイン

2 日本語訳を参考に、語句を並べ替えて文を作りなさい。

1）すみません、私を通らせてください。
〔让／不好意思／过去／我／吧／，／。〕　　　　＊过去 guòqu：通り過ぎる

2）彼はスポーツ選手であり、モデルでもあります。
〔运动员／模特／他／既／又／是／是／，／。〕　　　　＊模特 mótè：モデル

3）たまごのほかに、冷蔵庫の中には何がありますか。
〔鸡蛋／冰箱／除了／还／里／什么／有／东西／，／？〕　＊冰箱 bīngxiāng：冷蔵庫

3 学習したポイントを参照して、中国語に訳しなさい。

1）私にちょっと見せてください。

2）私を失望させないで。
　　　　　　　　　　　　　　　　　　　　　　　　　　＊失望する：失望 shīwàng

3）彼の中国語は標準的であり、流暢でもあります。
　　　　　　　　　　　　　　　　　　　　　　　　＊標準的である：标准 biāozhǔn

4）勉強するほかに、私はアルバイトに行かなければなりません。

7 住宅事情

中国の都市部では住宅事情が激変しています。職場から住宅が分配されていた時代は過去となり、市場経済化の加速に伴ってマイホームや投資用の不動産を購入する人も多くなりました。価格の高騰や住宅ローンは大きなプレッシャーですが、結婚準備としてマイホーム購入を重視する風潮は変わらないようです。中国の不動産市場は世界的な関心事でもあります。ここでは、住居に対する考え方、特に若者世代の心理について紹介します。

38

"安居乐业1)", 形容 安定 地 生活、 愉快 地 工作, 这
"Ānjūlèyè", xíngróng āndìng de shēnghuó, yúkuài de gōngzuò, zhè

是 大家 都 向往2) 的。 想要 安定 地 生活, 就 要 先 有
shì dàjiā dōu xiàngwǎng de. Xiǎngyào āndìng de shēnghuó, jiù yào xiān yǒu

一 个 稳定3) 的 住所4)。 年轻人 进入 社会 后, 住房5) 是
yí ge wěndìng de zhùsuǒ. Niánqīngrén jìnrù shèhuì hòu, zhùfáng shì

首先6) 要 考虑 的 问题。
shǒuxiān yào kǎolǜ de wèntí.

39

对◼ 年轻人 来说, 和 父母 一起 住, 可能 不 太 自由。
Duì niánqīngrén láishuō, hé fùmǔ yìqǐ zhù, kěnéng bú tài zìyóu.

租房7) 又 不 太 稳定。 例如, 有时 会 出现 房东8) 要求
Zūfáng yòu bú tài wěndìng. Lìrú, yǒushí huì chūxiàn fángdōng yāoqiú

涨价9), 或者10) 突然 停止 出租11) 的 情况。 所以, 购买12) 一
zhǎngjià, huòzhě tūrán tíngzhǐ chūzū de qíngkuàng. Suǒyǐ, gòumǎi yí

套13) 自己 的 房子14), 成为 很 多 人 的 奋斗15) 目标。 另
tào zìjǐ de fángzi, chéngwéi hěn duō rén de fèndòu mùbiāo. Lìng

一 方面, 随着 中国 经济 的 发展, 房价16) 越来越◼ 高。
yì fāngmiàn, suízhe Zhōngguó jīngjì de fāzhǎn, fángjià yuèláiyuè gāo.

同时, 高中 以前 的 入学 与 户口17) 所在地 有关, 房产18)
Tóngshí, gāozhōng yǐqián de rùxué yǔ hùkǒu suǒzàidì yǒuguān, fángchǎn

---

1) **安居乐业**：落ち着いて生活し、愉快に働く　　2) **向往**：あこがれ　　3) **稳定**：安定している　　4) **住所**：居住地
5) **住房**：住宅　　6) **首先**：まず初めに　　7) **租房**：賃貸　　8) **房东**：家主　　9) **涨价**：価格が上昇する　　10) **或者**：あるいは　　11) **出租**：貸し出す　　12) **购买**：購入する　　13) **套**：一組になったものを数える量詞　　14) **房子**：家屋　　15) **奋斗**：奮闘する　　16) **房价**：住宅価格　　17) **户口**：戸籍　　18) **房产**：（不動産としての）家

还　关系着　子女　的　教育　问题。　所以，　房子　也　成为了　结婚
hái　guānxizhe　zǐnǚ　de　jiàoyù　wèntí.　Suǒyǐ,　fángzi　yě　chéngwéile　jiéhūn

时，　大家　特别　看重¹⁹⁾　的　条件　之一。　总的来说²⁰⁾，　只　有
shí,　dàjiā　tèbié　kànzhòng　de　tiáojiàn　zhīyī.　Zǒngdeláishuō,　zhǐ　yǒu

拥有²¹⁾了　自己　的　房子，　才　算²²⁾　拥有了　一　个　让　人　安心
yōngyǒule　zìjǐ　de　fángzi,　cái　suàn　yōngyǒule　yí　ge　ràng　rén　ānxīn

的　家。　这　可以　说　是　中国人　的　一　种　普遍　心理。
de　jiā.　Zhè　kěyǐ　shuō　shì　Zhōngguórén　de　yì　zhǒng　pǔbiàn　xīnlǐ.

可是，　近年　房价　上涨²³⁾，　达到了　让　人　吃惊²⁴⁾　的
Kěshì,　jìnnián　fángjià　shàngzhǎng,　dádàole　ràng　rén　chījīng　de

地步²⁵⁾。　对　工薪　阶层²⁶⁾　的　人　来说，　买房　变得　相当　困难。
dìbù.　Duì　gōngxīn　jiēcéng　de　rén　láishuō,　mǎifáng　biànde　xiāngdāng　kùnnan.

很　多　时候，　都　是　父母　为　孩子　出　首　付²⁷⁾。　但　很
Hěn　duō　shíhou,　dōu　shì　fùmǔ　wèi　háizi　chū　shǒu　fù.　Dàn　hěn

多　人　还是²⁸⁾　得 ❸　背上²⁹⁾　二　三十　年　的　贷款³⁰⁾，　变成³¹⁾　了
duō　rén　háishi　děi　bēishang　èr　sānshí　nián　de　dàikuǎn,　biànchéngle

"房奴³²⁾"。　某　种　意义　上³³⁾，　住房　问题，　已经　成为了　现在
"fángnú".　Mǒu　zhǒng　yìyì　shang,　zhùfáng　wèntí,　yǐjīng　chéngwéile　xiànzài

年轻人　生活　与　精神　压力³⁴⁾　的　主要　来源³⁵⁾。
niánqīngrén　shēnghuó　yǔ　jīngshén　yālì　de　zhǔyào　láiyuán.

---

19) 看重：重視する　20) 总的来说：総じて言えば　21) 拥有：～を有する　22) 算：～ということになる
23) 上涨：上昇する　24) 吃惊：驚く　25) 地步：状況、程度　26) 工薪阶层：給与所得者層　27) 出首付：
(分割払の) 頭金を支払う　28) 还是：やはり　29) 背上：背負う　30) 贷款：ローン　31) 变成：～に変わる
32) 房奴：住宅ローンの奴隷　33) 某种意义上：ある意味で　34) 压力：プレッシャー　35) 来源：源、根源

1 **"对~来说"**「～について言えば」「～から見れば」

对学生**来说**，作业太多了。
Duì xuésheng láishuō, zuòyè tài duō le.

对我**来说**压力很大，但值得去挑战。
Duì wǒ láishuō yālì hěn dà, dàn zhíde qù tiǎozhàn. ＊ 値得：～する価値がある

2 **"越来越~"**「ますます～になる」

天气**越来越**热。
Tiānqì yuèláiyuè rè.

我觉得学习汉语**越来越**有意思。
Wǒ juéde xuéxí Hànyǔ yuèláiyuè yǒu yìsi.

3 助動詞 **"得"**「～しなければならない」

时间不早了，我**得**走了。
Shíjiān bù zǎo le, wǒ děi zǒu le.

下周期末考试，我**得**好好儿复习。
Xiàzhōu qīmò kǎoshì, wǒ děi hǎohāor fùxí. ＊ 好好儿：しっかりと、きちんと

解説 　中国の土地は国有なので、個人が「所有権」を持つことはできません。1990年代に住宅制度改革が始まるまで、住宅は公共財産として政府が管理していました。かつては都市部の新婚カップルが職場から住宅を分配されるまで時間がかかり、別居婚を続けるようなケースもありました。さまざまな改革を経て、現在は不動産の「使用権」を私有財産とすることができます。マンションを購入すれば、入居前からローンの支払いが始まり、基礎以外の内装工事を個人で負担するなど、日本とは事情が異なります。親しい友人や知人が集まれば、「1平米あたりいくら」という不動産価格の話も尽きないようです。
　中国関連のニュースでは、不動産バブルの話題や、不動産市場の低迷が注目され、中国経済の動向を見極めるポイントとして注視されています。経済指標のデータを見るだけでなく、住宅に対する人々の思い入れや価値観なども知っておきたいですね。

1 日本語訳を参考にして、空欄に入る適切な語句を書き入れなさい。

1）私はもう行かなければなりません、そうでなければ遅刻してしまいます。

  我（　　　　）走了，要不然会迟到。　　　　　　　　＊要不然 yàoburán：さもなければ

2）私にとって、スマホ決済はあまり便利ではありません。

  （　　　　）我（　　　　　），手机付款不太方便。　＊手机付款 shǒujī fùkuǎn：スマホ決済

3）始めの時はおもしろくないと思ったが、いまはだんだんと興味が出てきた。

  开始的时候觉得没意思，现在（　　　　　　　）有兴趣了。

4）若者にとって、30 年のローンは大変すぎます。

  （　　　　）年轻人（　　　　），三十年的贷款太辛苦了。

2 日本語訳を参考に、語句を並べ替えて文を作りなさい。

1）もう 10 時なので、私は帰らなければなりません。

  〔得／我／十点钟／回去／已经／了／了／，／。〕

2）科学技術の発展に伴って、生活はますます便利になる。

  〔生活／的／科技／随着／方便／越来越／发展／，／。〕　　＊科技 kējì：科学技術

3）あなたにとって、まったく問題ないでしょう？

  〔问题／对／来说／完全／你／没／吧／，／？〕　＊完全 wánquán：まったく、完全に

3 学習したポイントを参照して、中国語に訳しなさい。

1）今日私は残業しなければならない。

  ＊残業する：加班 jiābān

2）私はだんだん中華料理を食べるのが好きになった。

3）子どもにとって、この本は難しすぎます。

  ＊子ども：小孩儿 xiǎoháir

4）大学に進学してから、新しい友だちがだんだん多くなっている。

  ＊大学に進学する：上大学 shàng dàxué

日々の暮らしの中で、最も重要な要素は「衣食住」です。中国語では、もうひとつ加えて"衣食住行 yī shí zhù xíng"という表現があり、"行"は「移動」や「交通」を表します。広大な国土を有する中国では、旅行や出張なども長距離の移動になることが多く、帰省するのも一苦労です。飛行機や高速鉄道も便利ですが、寝台列車も利用されています。中国へ旅行に行くとしたら、どのような交通手段を利用して、どこへ行ってみたいと思いますか。

42

中国 的 交通 发展得 很 快, 比 以前 方便、 快捷[1]
Zhōngguó de jiāotōng fāzhǎnde hěn kuài, bǐ yǐqián fāngbiàn、 kuàijié

很 多❶。 在 中国, 根据[2] 速度 的 不同, 把❷ 火车[3] 分成[4]
hěn duō. Zài Zhōngguó, gēnjù sùdù de bùtóng, bǎ huǒchē fēnchéng

快速、 特快、 动车[5]、 高铁[6] 等 几 个 档次[7]。 比如, 同样
kuàisù、 tèkuài、 dòngchē、 gāotiě děng jǐ ge dàngcì. Bǐrú, tóngyàng

是 从 北京 到 广州, 快速 列车 需要[8] 30 个 小时, 高铁
shì cóng Běijīng dào Guǎngzhōu, kuàisù lièchē xūyào sānshí ge xiǎoshí, gāotiě

只 需要 8 个 小时。 因为 行驶[9] 时间 久, 快速 列车
zhǐ xūyào bā ge xiǎoshí. Yīnwèi xíngshǐ shíjiān jiǔ, kuàisù lièchē

一般 都 设置[10]了 床位[11]。 最 常见 的, 是 分 上、 中、
yìbān dōu shèzhìle chuángwèi. Zuì chángjiàn de, shì fēn shàng、 zhōng、

下 三 个 床位 的 硬卧[12]。 快速 列车 比 高铁 慢
xià sān ge chuángwèi de yìngwò. Kuàisù lièchē bǐ gāotiě màn

得多❶, 但 它 的 价格 也 便宜 不 少, 所以 需求量[13]
deduō, dàn tā de jiàgé yě piányi bù shǎo, suǒyǐ xūqiúliàng

仍然[14] 很 大。
réngrán hěn dà.

43

现在, 火车票[15] 基本 都 在 网上 购买 了。 但 中国
Xiànzài, huǒchēpiào jīběn dōu zài wǎngshang gòumǎi le. Dàn Zhōngguó

---

1) **快捷**：速い　　2) **根据**：〜に基づいて　　3) **火车**：列車　　4) **分成**：〜に分ける　　5) **动车**：高速列車　　6) **高铁**：高速鉄道　　7) **档次**：等級、ランク　　8) **需要**：必要とする　　9) **行驶**：（車や船が）走る　　10) **设置**：設置する　　11) **床位**：寝台　　12) **硬卧**：普通寝台　　13) **需求量**：必要量、ニーズ　　14) **仍然**：依然として、相変わらず　　15) **火车票**：列車のチケット

使用　实名制 16)，　需要　凭 ❸ 身份证 17)　或　护照 18)　才　能　买票、
shǐyòng shímíngzhì,　xūyào　píng shēnfènzhèng　huò hùzhào　cái néng mǎi piào,

上　车。　进入　火车站 19)　的　时候，　还　需要　接受 20)　安检 21)，
shàng chē.　Jìnrù huǒchēzhàn　de　shíhou,　hái xūyào jiēshòu ānjiǎn,

所以　一定　要　预留 22)　充足 23)　的　时间。
suǒyǐ yídìng yào yùliú chōngzú de shíjiān.

　　　到了　城市　里，　出租车、　公交车、　地铁，　都　是　常用　的 ㊹
　　　Dàole chéngshì li,　chūzūchē、 gōngjiāochē、 dìtiě,　dōu shì chángyòng de

交通　工具 24)。　也许　公共　交通　没有　私家车 25)　那么　方便，
jiāotōng gōngjù.　Yěxǔ gōnggòng jiāotōng méiyǒu sījiāchē　nàme　fāngbiàn,

但　大城市　堵车 26)　很　严重 27)，　所以　选择　公共　交通　出行 28)
dàn dàchéngshì dǔchē hěn yánzhòng,　suǒyǐ xuǎnzé gōnggòng jiāotōng chūxíng

的　人　越来越　多。　在　中国，　一　个　城市　的　地铁　都　是
de rén yuèláiyuè duō.　Zài Zhōngguó,　yí ge chéngshì de dìtiě dōu shì

同　一　家　公司　经营 29)　的，　所以　买　票、　换乘 30)　都　很
tóng yì jiā gōngsī jīngyíng de,　suǒyǐ mǎi piào、 huànchéng dōu hěn

方便。　买　票　的　时候，　可以　用　交通卡 31)，　也　可以　用
fāngbiàn. Mǎi piào de shíhou,　kěyǐ yòng jiāotōngkǎ,　yě kěyǐ yòng

手机　付款 32)。　但　每　个　城市　都　有　自己　的　交通卡，
shǒujī fùkuǎn.　Dàn měi ge chéngshì dōu yǒu zìjǐ de jiāotōngkǎ,

互相　不　能　通用。　票价 33)　一般　只　要　几　元　钱，　还是
hùxiāng bù néng tōngyòng. Piàojià yìbān zhǐ yào jǐ yuán qián,　háishi

挺 34)　便宜　的。
tǐng piányi de.

---

16) **实名制**：実名制度　　17) **身份证**：身分証　　18) **护照**：パスポート　　19) **火车站**：列車の駅　　20) **接受**：受け入れる　　21) **安检**：安全検査　　22) **预留**：あらかじめ残しておく　　23) **充足**：十分である　　24) **交通工具**：交通手段　　25) **私家车**：自家用車　　26) **堵车**：渋滞する　　27) **严重**：深刻である　　28) **出行**：（遠方に）出かける　　29) **经营**：経営する　　30) **换乘**：乗り換える　　31) **交通卡**：交通カード　　32) **手机付款**：スマホ決済　　33) **票价**：チケットの金額　　34) **挺~的**：大変、とても、なかなか~だ

1 比較の差を表す表現

▷述語となる形容詞のうしろに比較の差を表す語句が入る。具体的な数量のほか、程度が大きいことを表す"得多""多了"などがよく使われる。

現在的交通**比**过去方便**得多**。
Xiànzài de jiāotōng bǐ guòqù fāngbiàn deduō.

现在的生活**比**我父母的年代好**多了**。
Xiànzài de shēnghuó bǐ wǒ fùmǔ de niándài hǎo duōle.

我**比**以前胖了**五公斤**。
Wǒ bǐ yǐqián pàngle wǔ gōngjīn.

＊胖：太っている
＊公斤：キログラム

2 "**把**"構文「～を…する」

我**把**钥匙忘在房间里了。
Wǒ bǎ yàoshi wàngzài fángjiān li le.

＊钥匙：カギ

请**把**你的护照给我看一下。
Qǐng bǎ nǐ de hùzhào gěi wǒ kàn yíxià.

3 前置詞"**凭**"「～に基づく」「～を根拠とする」

凭学生证，可以打八折。
Píng xuéshēngzhèng, kěyǐ dǎ bā zhé.

＊打八折：2割引

你**凭**什么这么说?
Nǐ píng shénme zhème shuō ?

解説　かつて「自転車大国」と呼ばれていた中国は、"骑在自行车上的国家（自転車に乗っている国）"などのフレーズで紹介されることもありました。現在では、街中にカラフルなシェアバイクが普及して、新しい時代の「自転車大国」となっています。1969 年に開通した北京の地下鉄は、長年にわたって 2 路線で運営されていましたが、近年は約 30 の路線が網の目のように張り巡らされています。上海の地下鉄は、総延長が世界最長とも言われています。このように、交通事情の変遷からも中国社会の変化を見ることができます。

　たとえば、中国旅行に行って、北京から上海に移動するとしましょう。飛行機に乗れば、2 時間から 2 時間半くらいで到着します。列車の場合は、高速鉄道の"复兴号（復興号）"で約 4 時間半、新型寝台高速列車を利用すると約 12 時間かかります。時間と費用を比較しながら移動手段を選んで、自分の好みにあった旅を楽しむことができます。

1 日本語訳を参考にして、空欄に入る適切な語句を書き入れなさい。

1）このアイスクリームはあれよりもずっとおいしい。

这个冰激凌（　　　）那个好吃（　　　　）。　　　＊冰激凌 bīngjīlíng：アイスクリーム

2）この段ボールを捨ててください。

你（　　　）这个纸箱扔一下吧。　　　＊纸箱 zhǐxiāng：段ボール　　　＊扔 rēng：捨てる

3）豚肉の値段が上がり、先月よりもずっと高い。

猪肉涨价了，（　　　）上个月贵（　　　　）。　　　＊涨价 zhǎngjià：値上がりする

4）自分の印象で判断しないでください。

请不要（　　　）自己的印象判断。　　　＊印象 yìnxiàng：印象　　　＊判断 pànduàn：判断する

2 日本語訳を参考に、語句を並べ替えて文を作りなさい。

1）このスイカはあれより1キロ重い。

〔比 / 西瓜 / 公斤 / 重 / 这个 / 那个 / 一 / 。〕

2）中日辞典をあなたに貸してあげます。

〔中日词典 / 我 / 你 / 借给 / 把 / 。〕　　　＊借给 jiègěi：〜に貸してあげる

3）私は自分の経験に基づいてこの問題を解決します。

〔凭 / 问题 / 经验 / 解决 / 我 / 的 / 这个 / 自己 / 。〕　　　＊经验 jīngyàn：経験

3 学習したポイントを参照して、中国語に訳しなさい。

1）列車のチケットを買うのが以前よりもずっと便利になりました。

2）この資料をちょっとコピーしてください。

＊資料：资料 zīliào　　　＊コピーする：复印 fùyìn

3）私は傘を教室に忘れました。

4）身分証に基づいて高速鉄道のチケットを買うことができます。

＊高速鉄道のチケット：高铁车票 gāotiě chēpiào

9

大学生活

中国の大学生は、一般的に大学の寮で生活します。広大なキャンパスの中には、学生寮、食堂、郵便局、銀行、医務室、理容・美容院、雑貨店、娯楽施設など、学生や教職員の生活に必要な施設やサービスが整備され、まるでひとつの大きな町のようです。学部生の寮は1部屋4人で、同じ学部や学科で共に学ぶ学生たちが学業優先の集団生活を送ります。中国の大学生はどのように過ごしているか、キャンパスライフをのぞいてみましょう。

46

集体　　生活[1]　　是　中国　大学　　的　　特点[2]，　大学生们　　基本　　都
Jítǐ　shēnghuó　shì　Zhōngguó　dàxué　de　tèdiǎn,　dàxuéshēngmen　jīběn　dōu

住在　四　个　人　一　间　的　宿舍　里。　宿舍　里　有　一体　式
zhùzài　sì　ge　rén　yì　jiān　de　sùshè　li.　Sùshè　li　yǒu　yìtǐ　shì

家具，　通常　　上面　是　床[3]、　下面　是　桌子，　并❶　附带[4]
jiājù,　tōngcháng　shàngmiàn　shì　chuáng、　xiàmiàn　shì　zhuōzi,　bìng　fùdài

衣柜[5]、　书架。　宿舍　成员[6]　一般　是　同　一　个　专业，　大家
yīguì、　shūjià.　Sùshè　chéngyuán　yìbān　shì　tóng　yí　ge　zhuānyè,　dàjiā

一起　学习、　生活　四　年，　会　成为[7]　亲近[8]　的　朋友。
yìqǐ　xuéxí、　shēnghuó　sì　nián,　huì　chéngwéi　qīnjìn　de　péngyou.

47

因为　住校[9]，　离　教室　特别　近，　可以　节约[10]　不少
Yīnwèi　zhùxiào,　lí　jiàoshì　tèbié　jìn,　kěyǐ　jiéyuē　bùshǎo

交通费　和　时间。　有的❷　学生　会　睡　个　懒觉[11]，　直到　上课
jiāotōngfèi　hé　shíjiān.　Yǒude　xuésheng　huì　shuì　ge　lǎnjiào,　zhídào　shàngkè

前　才[12]　起床。　有的　学生，　会　利用　这个　时间，　进行[13]
qián　cái　qǐchuáng.　Yǒude　xuésheng,　huì　lìyòng　zhège　shíjiān,　jìnxíng

晨读[14]　或者　早　锻炼[15]。　因为　校区　大、　学生　多，　学校
chéndú　huòzhě　zǎo　duànliàn.　Yīnwèi　xiàoqū　dà、　xuésheng　duō,　xuéxiào

一般　会　有　好几　个　食堂。　食堂　从　早　营业[16]到　晚，
yìbān　huì　yǒu　hǎojǐ　ge　shítáng.　Shítáng　cóng　zǎo　yíngyèdào　wǎn,

---

1) **集体生活**：集団生活　2) **特点**：特徴　3) **床**：ベッド　4) **附带**：付帯する、付け加える　5) **衣柜**：クローゼット　6) **成员**：メンバー　7) **成为**：〜になる　8) **亲近**：親しい　9) **住校**：学校の寮に住む　10) **节约**：節約する　11) **睡个懒觉**：寝坊をする　12) **才**：やっと　13) **进行**：行う　14) **晨读**：早朝の自主学習　15) **早锻炼**：朝のトレーニング　16) **营业**：営業する

提供 一 日 三 餐[17]， 价格 非常 便宜。 如果❸ 想 改善
tígōng yí rì sān cān, jiàgé fēicháng piányi. Rúguǒ xiǎng gǎishàn

一下 伙食[18] 的话， 学校 附近 有 美食街。 也 可以 点
yíxià huǒshí dehuà, xuéxiào fùjìn yǒu měishíjiē. Yě kěyǐ diǎn

外卖[19]， 送到 宿舍 楼下。 一 天 的 课程[20] 结束[21] 后，
wàimài, sòngdào sùshè lóuxià. Yì tiān de kèchéng jiéshù hòu,

有的❷ 学生 会 在 宿舍 里 玩儿 游戏[22]、 看 动漫[23]， 有的
yǒude xuésheng huì zài sùshè li wánr yóuxì, kàn dòngmàn, yǒude

会 在 校园 里 做做 运动、 散散 步， 还 有的 会 去
huì zài xiàoyuán li zuòzuo yùndòng, sànsan bù, hái yǒude huì qù

图书馆 里 继续 晚 自习。
túshūguǎn li jìxù wǎn zìxí.

到了 周末， 本地 的 学生 可以 回 家。 外地 的 学生， (48)
Dàole zhōumò, běndì de xuésheng kěyǐ huí jiā. Wàidì de xuésheng,

喜欢 去 著名 的 景点[24] 或 热闹 的 市区[25] 转[26]一转。 大家
xǐhuan qù zhùmíng de jǐngdiǎn huò rènao de shìqū zhuànyizhuàn. Dàjiā

也 会 约[27]着 一起 唱 歌、 看 电影， 或者 玩儿 桌游[28]、
yě huì yuēzhe yìqǐ chàng gē, kàn diànyǐng, huòzhě wánr zhuōyóu,

开 派对[29]。 当然， 还 有 一些 学生 会 去 打工。 这样
kāi pàiduì. Dāngrán, hái yǒu yìxiē xuésheng huì qù dǎgōng. Zhèyàng

不仅 能 赚到 零用钱[30]， 还 能 积累[31] 一些 社会 经验。
bùjǐn néng zhuàndào língyòngqián, hái néng jīlěi yìxiē shèhuì jīngyàn.

---

17) **一日三餐**：1 日 3 食　18) **伙食**：食事、まかない　19) **点外卖**：テイクアウトやデリバリーを注文する
20) **课程**：カリキュラム　21) **结束**：終わる、終わらせる　22) **游戏**：ゲーム　23) **动漫**：アニメ　24) **景点**：観光スポット、ポイント　25) **市区**：市街区　26) **转**：回る、立ち寄る　27) **约**：約束する　28) **桌游**：テーブルゲーム　29) **开派对**：パーティーを開く　30) **零用钱**：小遣い　31) **积累**：積み重ねる

1 接続詞 "并(且)"「その上 / しかも / また」

我们讨论**并**决定了明年的活动。
Wǒmen tǎolùn **bìng** juédìngle míngnián de huódòng.

＊讨论：討論する、議論する

他迅速**并且**准确地回答了问题。
Tā xùnsù **bìngqiě** zhǔnquè de huídále wèntí.

＊迅速：迅速である　　＊准确：正確である

2 "有的〜有的…"「〜もあれば…もある」

这些水果很好吃，**有的**酸，**有的**甜。
Zhèxiē shuǐguǒ hěn hǎochī, yǒude suān, yǒude tián.

有的人这样说，**有的**人那样说。
Yǒude rén zhèyàng shuō, yǒude rén nàyàng shuō.

3 "如果〜的话"「もし〜ならば」「〜ということなら」

▷ "如果" "的话" は、いずれかを省略することもできる。"就" と呼応することも多い。

如果孩子结婚**的话**，父母的压力也很大。
Rúguǒ háizi jiéhūn dehuà, fùmǔ de yālì yě hěn dà.

如果你去中国**的话**，就去北京看一看吧。
Rúguǒ nǐ qù Zhōngguó dehuà, jiù qù Běijīng kànyikan ba.

如果要点外卖**的话**，咱们就吃比萨饼吧。
Rúguǒ yào diǎn wàimài dehuà, zánmen jiù chī bǐsàbǐng ba.

＊比萨饼：ピザ

解説　中国の大学生活は、集団生活のトレーニングから始まります。学生はキャンパス内の学生寮で、"室友（ルームメート）"と一緒に生活します。"同班同学（クラスメート）"として学び、さらに"室友"として生活を共にすれば、生涯の友になるかもしれません。

　入学直後の新入生を待ち受けているのは、「国防教育法」に基づいて実施される大学内での"军训（軍事訓練）"です。訓練服に身を包んだ1年生は、一定期間は授業よりも訓練に集中します。

　学費や生活費は保護者が負担するのが一般的なので、アルバイトをする学生は日本ほど多くありません。"家教（家庭教師）"のアルバイトをする人もいますが、近ごろは"直播（動画配信）"で「投げ銭」を稼ぐ人も増えているようです。近年は若者の就職状況が厳しいために、在学中からインターンに励む学生も増えています。期待と不安、希望とプレッシャーに満ちた学生生活は、日本と中国で共通点もあるかもしれません。

1 日本語訳を参考にして、空欄に入る適切な語句を書き入れなさい。

1) 彼はカラオケがとても好きで、しかも歌うのが非常に上手です。

他很喜欢唱卡拉OK，（　　　　　）唱得非常好听。　　　　＊卡拉OK kǎ lā OK：カラオケ

2) 簡体字の本もあれば、繁体字の本もあります。

（　　　　　）书是简体字的，（　　　　　）书是繁体字的。

＊简体字 jiǎntǐzì：簡体字　　　＊繁体字 fántǐzì：繁体字

3) もし時間があったら、一緒にコーヒーを飲みましょう。

（　　　　）有时间（　　　　），咱们一起喝咖啡吧。

4) 学生食堂にはたくさんの種類の麺類があり、値段が安いのもあれば少し高いのもあります。

学生食堂有很多种面条，（　　　　）便宜，（　　　　）贵一点儿。

2 日本語訳を参考に、語句を並べ替えて文を作りなさい。

1) 留学生寮は便利でしかも快適です。

〔并且／留学生／方便／舒适／宿舍／。〕　　　　＊舒适 shūshì：快適である

2) もし都合がよかったら、パーティーに参加してくださいね。

〔派对／如果／吧／你／方便／来／的话／参加／，／。〕　＊派对 pàiduì：パーティー

3) 辛いのが好きな人もいれば、好きではない人もいます。

〔辣的／辣的／有的／有的／人／人／喜欢／喜欢／不／，／。〕　　＊辣 là：辛い

3 学習したポイントを参照して、中国語に訳しなさい。

1) 明日もし雨が降ったら、私は家で読書をします。

2) これらのイチゴは、甘いのもあれば、甘くないのもあります。

＊イチゴ：草莓 cǎoméi

3) 彼は英語を話すことができ、しかも話すのが上手です。

4) もしチャンスがあったら、上海に旅行に行きたいと思います。

＊チャンス：机会 jīhuì

中国の若者たちの就職・労働事情は、激しい競争とプレッシャーに満ちています。都市部では大学進学率が上昇していますが、就職難や失業率に関するニュースが話題です。かつては、国の政策によって就職先が分配されていた時代がありましたが、1978年から始まった改革開放政策によって経済が発展すると、人々の働き方も変化しました。近年は、不本意ながらも熾烈な競争に巻き込まれていく状態が「内卷」と呼ばれて社会問題になっています。

50

快要❶ 毕业 了， 大学生 最 关心 的 就 是 就业[1] 问题。
Kuàiyào bìyè le, dàxuéshēng zuì guānxīn de jiù shì jiùyè wèntí.

找到[2] 一 份[3] 适合[4] 自己 的 工作， 是 走向[5] 社会 的 重要
Zhǎodào yí fèn shìhé zìjǐ de gōngzuò, shì zǒuxiàng shèhuì de zhòngyào

一 步。 但 随着 大学 毕业生 人数 的 增加， 社会 竞争[6]
yí bù. Dàn suízhe dàxué bìyèshēng rénshù de zēngjiā, shèhuì jìngzhēng

越来越 激烈[7]。 想要 找到 一 份 理想 的 工作， 一点儿
yuèláiyuè jīliè. Xiǎngyào zhǎodào yí fèn lǐxiǎng de gōngzuò, yìdiǎnr

也 不❷ 容易。 会 有 "毕业 即 失业[8]" 的 说法[9]。
yě bù róngyì. Huì yǒu "bìyè jí shīyè" de shuōfǎ.

51

面对 就业 难 的 困境[10]， 大学生 的 竞争 意识[11] 不断
Miànduì jiùyè nán de kùnjìng, dàxuéshēng de jìngzhēng yìshí búduàn

增强[12]， 同时 求职[13] 与 工作 的 压力 也 都 越来越 大。
zēngqiáng, tóngshí qiúzhí yǔ gōngzuò de yālì yě dōu yuèláiyuè dà.

例如[14]， 很 多 岗位[15] 对 学历、 资格证[16]、 工作 经验 的 要求
Lìrú, hěn duō gǎngwèi duì xuélì, zīgézhèng, gōngzuò jīngyàn de yāoqiú

不断 提高， 加班[17] 也 变成了 一 种 普遍 现象。 这 种
búduàn tígāo, jiābān yě biànchéngle yì zhǒng pǔbiàn xiànxiàng. Zhè zhǒng

---

1) **就业**：就職する　2) **找到**：見つける　3) **份**：抽象的なものを数える量詞　4) **适合**：ふさわしい、適切である　5) **走向**：〜に向かう　6) **竞争**：競争　7) **激烈**：激しい　8) **毕业即失业**：卒業すなわち失業　9) **说法**：言い方　10) **困境**：苦境　11) **竞争意识**：競争意識　12) **增强**：強める　13) **求职**：求職する　14) **例如**：たとえば　15) **岗位**：職場　16) **资格证**：資格の証明書　17) **加班**：残業する

过剩[18] 的、 非 理性[19] 的 竞争 被 叫做 "内卷[20]"。 因此[21],
guòshèng de、 fēi lǐxìng de jìngzhēng bèi jiàozuò "nèijuǎn". Yīncǐ,

很 多 大学生 会 利用 课余 时间[22] 考取[23] 各种 资格证,
hěn duō dàxuéshēng huì lìyòng kèyú shíjiān kǎoqǔ gèzhǒng zīgézhèng,

早早 地 参加 实习[24], 或者 选择 考研[25]。 另 一 方面,
zǎozǎo de cānjiā shíxí, huòzhě xuǎnzé kǎoyán. Lìng yì fāngmiàn,

"996"、 "007"[26] 的 现象 也 成为 严重 的 社会 问题。
"jiǔ jiǔ liù"、 "líng líng qī" de xiànxiàng yě chéngwéi yánzhòng de shèhuì wèntí.

在 这样 的 社会 环境 下, 经过了 90 年代 的 "下
Zài zhèyàng de shèhuì huánjìng xià, jīngguòle jiǔshí niándài de "xià

海潮[27]", 稳定 并 相对 轻松[28] 的 工作 再次 受到 欢迎。
hǎicháo", wěndìng bìng xiāngduì qīngsōng de gōngzuò zàicì shòudào huānyíng.

例如 一些 国有 企业 的 岗位, 或是 公务员[29] 等。 但是,
Lìrú yìxiē guóyǒu qǐyè de gǎngwèi, huòshì gōngwùyuán děng. Dànshì,

这些 岗位 的 选拔[30] 或 公务员 考试 的 竞争, 有时 比
zhèxiē gǎngwèi de xuǎnbá huò gōngwùyuán kǎoshì de jìngzhēng, yǒushí bǐ

高考[31] 更 激烈。 怪不得 ❸ 有的 人 说, 这 是 "千军万马 过
gāokǎo gèng jīliè. Guàibude yǒude rén shuō, zhè shì "qiānjūnwànmǎ guò

独木桥[32]"。 成功 通过 的 人 就 会 长 舒 一口气[33] 说:
dúmùqiáo". Chénggōng tōngguò de rén jiù huì cháng shū yìkǒuqì shuō:

终于[34] "上岸[35]" 了。
zhōngyú "shàng'àn" le.

---

18) 过剩：過剰である　19) 非理性：理性的ではない　20) 内卷：内向きな競争、不当な競争　21) 因此：それゆえ、したがって　22) 课余时间：授業の余暇　23) 考取：試験に合格する　24) 实习：実習、インターン　25) 考研：大学院受験をする　26) 996/007 →次頁参照　27) 下海潮：公務員が転職してビジネスに従事するブーム　28) 轻松：気楽である、リラックスする　29) 公务员：公務員　30) 选拔：選抜する　31) 高考：全国統一大学入試　32) 千军万马过独木桥：千軍万馬の勢いで多くの人が丸木橋を渡る（苛烈な競争のたとえ）　33) 长舒一口气：ほっとひと息をつく　34) 终于：ついに　35) 上岸：上陸する、進路が決まってゴールにたどりつく

1 "**快要~了**"「もうすぐ／まもなく~する」

他**快要**回国**了**。
Tā **kuàiyào** huí guó **le**.

飞机**快要**起飞**了**，请系好安全带。
Fēijī **kuàiyào** qǐfēi **le**, qǐng jìhǎo ānquándài.

＊ 系好：しっかり締める
＊ 安全带：シートベルト

2 "**一点儿**"＋"**也／都**"＋否定　　「少しも~ではない」

这个菜**一点儿也不**辣。
Zhège cài **yìdiǎnr yě bú** là.

我参加面试的时候，**一点儿**准备**都没有**。
Wǒ cānjiā miànshì de shíhou, **yìdiǎnr** zhǔnbèi **dōu méiyǒu**.

＊ 面试：面接試験

3 "**怪不得**"「どうりで（なるほど）~だ」「~するのも無理はない」
▷同じ意味で"**难怪**"を使うことも多い。

她从小就学汉语，**怪不得**说得非常流利。
Tā cóngxiǎo jiù xué Hànyǔ, **guàibude** shuōde fēicháng liúlì.

他是新来的员工，**难怪**大家都不认识。
Tā shì xīn lái de yuángōng, **nánguài** dàjiā dōu bú rènshi.

解説　中国の「社会主義市場経済」は、社会主義体制のもとで市場経済を発展させるという政策です。市場経済が導入される前は、"**大锅饭** dàguōfàn"（大きな鍋で炊いた飯）という言葉がありました。能力や仕事ぶりに関係なく、一律の待遇を得ることができた時代の悪平等をたとえたものです。やがて改革開放政策によって経済成長が加速すると、就職や転職が自由になり、"**个体户** gètǐhù"（自営業者）が流行語になりました。
　近年は、長時間労働を意味する「996」「007」が社会問題になっています。「996」とは「朝9時から夜9時まで週6日働く」という意味で、「007」は「0時から0時まで7日間」、つまり「休みなく働く」過酷な労働状況を表しています。特に、IT業界の厳しい労働条件は、「デジタル農民工」とも呼ばれるほどです。大学生にとって就職活動は重要な関心事ですが、キャリアデザインの観点から中国社会に目を向けると、日本と中国の共通点や相違点が見えてくるかもしれません。

1 日本語訳を参考にして、空欄に入る適切な語句を書き入れなさい。

1）私は少しも疲れていません。
　　我（　　　　　）（　　　）不累。

2）もうすぐ夏休みですが、あなたは何をする予定ですか。
　　（　　　　　　）放暑假（　　　），你打算做什么？　　　　＊放暑假 fàng shǔjià：夏休みになる

3）彼は今日残業したから、帰宅がこんなに遅いのも無理はない。
　　他今天加了班，（　　　　　　）回家这么晚。

4）彼は辞職後、少しのたよりもない。
　　他辞职后，（　　　　　）消息（　　　）没有。
　　　　　　　　　　　　＊辞职 cízhí：辞職する　　　＊消息 xiāoxi：たより、知らせ

2 日本語訳を参考に、語句を並べ替えて文を作りなさい。

1）もうすぐスマホの充電が切れてしまう。
　　〔快要／了／电／手机／没／。〕　　　　　　　　　＊没电 méi diàn：充電がない

2）私はもう準備したので、少しも心配はいりません。
　　〔已经／担心／了／一点儿／我／不用／准备好／也／，／。〕

3）彼は毎日体を鍛えているので、どうりでこんなに健康だ。
　　〔身体／锻炼／这么／他／怪不得／每天／健康／，／。〕
　　　　　　　　　　　　　　　　　　　　　＊锻炼 duànliàn：鍛える

3 学習したポイントを参照して、中国語に訳しなさい。

1）私は仕事があまりにも忙しすぎて、少しの暇もありません。
　　　　　　　　　　　　　　　　　　　　　　　　　＊暇：空儿 kòngr

2）簡体字を書くのは少しも難しくない。

3）雪が降ってきた、どうりで今日はこんなに寒い。

4）もうすぐ到着するので、下車する準備をしてください。
　　　　　　　　　　　　　　　　　　　　　　＊下車する：下车 xià chē

中国で生活する際に必要不可欠なのは、スマートフォン "智能手机 zhìnéng shǒujī" です。"微信 Wēixìn"（WeChat）と呼ばれるアプリは、通信手段であるだけでなくショッピングや公共料金の支払いにも利用でき、キャッシュレスが日常生活に浸透しています。若者世代には「中国版 Instagram」とも呼ばれている "小红书 Xiǎohóngshū"（RED）が大人気です。スマホによって、人々のライフスタイルはどのように変化しているのでしょうか。

54

智能　手机　带来　的　巨大　变化，　已经　渗透到[1]了　中国
Zhìnéng shǒujī dàilai de jùdà biànhuà, yǐjīng shèntòudàole Zhōngguó

年轻人　生活　的　方方面面[2]。
niánqīngrén shēnghuó de fāngfāngmiànmiàn.

55

比如，　想要　去　外面　吃　饭　时，　很　多　人　会　先　在
Bǐrú, xiǎngyào qù wàimiàn chī fàn shí, hěn duō rén huì xiān zài

手机　上　选　餐厅，　看看　小红书　上　的　推荐[3]　和　评价[4]。
shǒujī shang xuǎn cāntīng, kànkan Xiǎohóngshū shang de tuījiàn hé píngjià.

小红书　是　分享[5]　生活　方式[6]　与　经验　的　网络　社区[7]，　近
Xiǎohóngshū shì fēnxiǎng shēnghuó fāngshì yǔ jīngyàn de wǎngluò shèqū, jìn

几　年　非常　有　人气。　然后，　可以　通过　大众　点评[8]　等
jǐ nián fēicháng yǒu rénqì. Ránhòu, kěyǐ tōngguò Dàzhòng diǎnpíng děng

软件[9]，　提前[10]　预约　餐厅，　或者　线上[11]　拿号　排队[12]。　就餐[13]
ruǎnjiàn, tíqián yùyuē cāntīng, huòzhě xiànshàng náhào páiduì. Jiùcān

时，　有的　人　会　在　微信　的　朋友圈[14]　里　发　照片，　也
shí, yǒude rén huì zài Wēixìn de péngyouquān li fā zhàopiàn, yě

有的　人　会　在　小红书　里　写下　自己　的　感受[15]。　现在　很
yǒude rén huì zài Xiǎohóngshū li xiěxià zìjǐ de gǎnshòu. Xiànzài hěn

---

1) **渗透到**：～まで浸透する　2) **方方面面**：各方面　3) **推荐**：推薦する、薦める　4) **评价**：評価　5) **分享**：シェアする　6) **生活方式**：ライフスタイル　7) **网络社区**：インターネットのコミュニティ　8) **大众点评**：大衆点评（ネットの口コミ評価サイト）　9) **软件**：アプリ　10) **提前**：事前に　11) **线上**：オンライン　12) **拿号排队**：番号を取って並ぶ　13) **就餐**：食事をする　14) **朋友圈**：SNS のコミュニティ　15) **感受**：感想、感銘

多　餐厅，从　点单¹⁶⁾到　结账¹⁷⁾，都　可以　用　手机　完成。
duō　cāntīng, cóng diǎndān dào jiézhàng, dōu kěyǐ yòng shǒujī wánchéng.

当今¹⁸⁾的　中国，尤其　是　大城市，基本　实现了　无现金化。🎧56
Dāngjīn de Zhōngguó, yóuqí shì dàchéngshì, jīběn shíxiànle wúxiànjīnhuà.

即使❶是　街边¹⁹⁾的　摊贩²⁰⁾，也　都　可以　扫　二维码　支付²¹⁾。
Jíshǐ shì jiēbiān de tānfàn, yě dōu kěyǐ sǎo èrwéimǎ zhīfù.

但是，大部分　的　应用　软件²²⁾，都　需要　实名　认证²³⁾。比如
Dànshì, dàbùfen de yìngyòng ruǎnjiàn, dōu xūyào shímíng rènzhèng. Bǐrú

支付宝²⁴⁾，必须　绑定²⁵⁾手机号　和　身份证，另外²⁶⁾可以　添加
Zhīfùbǎo, bìxū bǎngdìng shǒujīhào hé shēnfènzhèng, lìngwài kěyǐ tiānjiā

面部　扫描²⁷⁾。那样　的话，在　有　识别　设备²⁸⁾的　场所，
miànbù sǎomiáo. Nàyàng dehuà, zài yǒu shíbié shèbèi de chǎngsuǒ,

甚至²⁹⁾不用　手机，就　能　使用　扫脸　支付³⁰⁾。
shènzhì búyòng shǒujī, jiù néng shǐyòng sǎoliǎn zhīfù.

总的来说，手机　正在　逐渐³¹⁾代替　各种　电子　产品。🎧57
Zǒngdeláishuō, shǒujī zhèngzài zhújiàn dàitì gèzhǒng diànzǐ chǎnpǐn.

同时，生活　的　各个　领域　都　在　推进　电子化。现在　的
Tóngshí, shēnghuó de gègè lǐngyù dōu zài tuījìn diànzǐhuà. Xiànzài de

中国，只要❷一　台　手机，就　可以　畅通　无阻³²⁾。方便
Zhōngguó, zhǐyào yì tái shǒujī, jiù kěyǐ chàngtōng wúzǔ. Fāngbiàn

是❸方便，但是　没了　手机　的话，就　可能　寸步难行³³⁾。
shì fāngbiàn, dànshì méile shǒujī dehuà, jiù kěnéng cùnbù-nánxíng.

---

16) **点单**：注文する　　17) **结账**：会計する　　18) **当今**：現在　　19) **街边**：街中　　20) **摊贩**：露店　　21) **扫二维码支付**：QR コードをスキャンして支払う　　22) **应用软件**：アプリ　　23) **实名认证**：実名認証　　24) **支付宝**：アリペイ　　25) **绑定**：紐付ける　　26) **另外**：ほかに　　27) **面部扫描**：顔をスキャンする　　28) **识别设备**：（顔を）識別する設備　　29) **甚至**：甚だしきに至っては、ひいては　　30) **扫脸支付**：顔認証で支払う　　31) **逐渐**：次第に、だんだんと　　32) **畅通无阻**：滞りなく通じる　　33) **寸步难行**：一歩も進めない

58

1　"即使～也…"「たとえ～としても…」「仮に～だとしても…」

即使大学毕业，也不一定能就业。
Jíshǐ dàxué bìyè, yě bù yídìng néng jiùyè.

即使父母都反对，我也不会放弃自己的梦想。
Jíshǐ fùmǔ dōu fǎnduì, wǒ yě bú huì fàngqì zìjǐ de mèngxiǎng.　　　　＊放弃：放棄する、断念する

2　"只要～就…"「～さえすれば…」「～でさえあれば…」　　必要条件を表す

只要你心满意足，我就放心了。
Zhǐyào nǐ xīnmǎn-yìzú, wǒ jiù fàngxīn le.　　　　＊心满意足：心が満ち足りる

只要网上点一下，你要的东西马上就会送来。
Zhǐyào wǎngshang diǎn yíxià, nǐ yào de dōngxi mǎshàng jiù huì sònglai.　　　　＊送来：届けに来る

3　"A 是 A，～"「A は A だが～」　　譲歩を表す

这款手机好是好，就是有点儿贵。　　　　＊款：種類や様式を数える量詞
Zhè kuǎn shǒujī hǎo shì hǎo, jiùshì yǒudiǎnr guì.　　　　＊就是：ただ～だ

充电宝，有是有，可快要没电了。
Chōngdiànbǎo, yǒu shì yǒu, kě kuàiyào méi diàn le.　　　　＊充电宝：モバイルバッテリー

解説　中国人が日本旅行のために準備するのは、現金を入れる財布だというエピソードがあります。中国の都市部では、普段は財布を持つ必要がないほどキャッシュレスが浸透しているからです。そのカギを握るのが、"微信"（WeChat）などのスーパーアプリです。スーパーアプリの中で提供されているミニプログラムは、個別にインストールしてパスワードを設定する必要がありません。スーパーアプリがあれば、SNS、買い物や公共料金の支払い、フードデリバリー、タクシーの配車、地下鉄やバスなどの公共交通機関の利用、病院の予約まで多数の機能が搭載されているので、日常生活のあらゆるニーズに対応できます。

　　各種サービスの競争は激しさを増しており、フードデリバリーなどの企業間の買収が大きなニュースになっています。世界に類を見ない規模のビッグデータ、個人情報の保護、デジタル格差などの問題も注意しておきたいポイントです。

1 日本語訳を参考にして、空欄に入る適切な語句を書き入れなさい。

1）財布を買っても、必ずしも使えるわけではない。
（　　　　　　）买了钱包，（　　　　　）不一定会用到。 ＊用到 yòngdào：使いこなす

2）ネットの配信で紹介さえすれば、この商品はきっと人気になるはずだ。
（　　　　　）直播介绍，这个商品（　　　　）一定会受欢迎。
＊直播 zhíbō：生放送、インターネットのライブ配信

3）勉強したことがあるにはあるが、忘れてしまった。
学过（　　　　）学过，但是忘记了。

4）毎日発音の練習さえすれば、自分の中国語のレベルを高めることができます。
（　　　　　　）你每天练习发音，（　　　　）可以提高自己的汉语水平。

2 日本語訳を参考に、語句を並べ替えて文を作りなさい。

1）行きたいことは行きたいけれど、時間がありません。
〔是／时间／但／想／想／去／去／没／，／。〕

2）非常に困難が多いとしても、試してみる価値はあります。
〔即使／也／困难／试试／多／值得／非常／，／。〕

3）顔認証さえすれば、スマートフォンを起動することができます。
〔只要／就／扫脸／打开／可以／手机／，／。〕 ＊扫脸 sǎo liǎn：顔認証、顔スキャン

3 学習したポイントを参照して、中国語に訳しなさい。

1）たとえ時間があっても、この本は読みきれない。
＊読みきれない：看不完 kànbuwán

2）ちょっと味見さえしてみれば、きっと気に入りますよ。
＊味見する：尝 cháng

3）安いことは安いけれど、品質はあまりよくない。
＊品質：质量 zhìliàng

4）きれいはきれいだけれど、値段が高すぎます。

12

サブカルチャー

ライフスタイルや価値観が急速に変化する中で、若者世代の娯楽も多様化しています。スマホでさまざまなコンテンツを楽しむのは日本と共通していますが、中国のネットユーザーは双方向のコミュニケーションを重視する人が多いようです。バーチャルからリアルまで、若者たちに人気があるのはライブ感や没入感のあるコンテンツやエンタメです。みなさんは中国のどのようなコンテンツに興味がありますか。

59

现在　　喜欢　　玩儿　手机　　的　　年轻人　　越来越　　多。　手机
Xiànzài　xǐhuan　wánr　shǒujī　de　niánqīngrén　yuèláiyuè　duō.　Shǒujī

不但❶　可以　　玩儿　游戏¹⁾、　听　音乐、　读　小说，　而且　可以　看
búdàn　kěyǐ　wánr　yóuxì、　tīng　yīnyuè、　dú　xiǎoshuō，　érqiě　kěyǐ　kàn

各种　视频²⁾　和　直播³⁾。　只要　一　台　手机，　就　可以　随时
gèzhǒng　shìpín　hé　zhíbō.　Zhǐyào　yì　tái　shǒujī，　jiù　kěyǐ　suíshí

随地⁴⁾、　一　个　人　享受　各种　快乐⁵⁾。　但　同时，　一些　多
suídì、　yí　ge　rén　xiǎngshòu　gèzhǒng　kuàilè.　Dàn　tóngshí，　yìxiē　duō

人　参与　的　娱乐⁶⁾　形式　也　开始　受　欢迎。
rén　cānyù　de　yúlè　xíngshì　yě　kāishǐ　shòu　huānyíng.

60

比如　剧本杀⁷⁾，　它　是　一　款⁸⁾　从　推理　小说　发展过来❷
Bǐrú　jùběnshā，　tā　shì　yì　kuǎn　cóng　tuīlǐ　xiǎoshuō　fāzhǎnguolai

的　游戏。　玩家⁹⁾们　围坐¹⁰⁾在　一起，　沿着¹¹⁾　某　个　剧本¹²⁾　进行
de　yóuxì.　Wánjiāmen　wéizuòzài　yìqǐ，　yánzhe　mǒu　ge　jùběn　jìnxíng

推理。　大家　分别¹³⁾　扮演¹⁴⁾　事件　中　的　不同　角色¹⁵⁾，　通过
tuīlǐ.　Dàjiā　fēnbié　bànyǎn　shìjiàn　zhōng　de　bùtóng　juésè，　tōngguò

讨论¹⁶⁾　来　收集、　整理　信息¹⁷⁾，　最终　推理出　案件¹⁸⁾　的　真相。
tǎolùn　lái　shōují、　zhěnglǐ　xìnxī，　zuìzhōng　tuīlǐchū　ànjiàn　de　zhēnxiàng.

另外，　在　一些　大　城市，　出现了　沉浸式　小　剧场¹⁹⁾。　观众们
Lìngwài，　zài　yìxiē　dà　chéngshì，　chūxiànle　chénjìnshì　xiǎo　jùchǎng.　Guānzhòngmen

---

1) 游戏：ゲーム　2) 视频：動画　3) 直播：生放送、中継する、配信する　4) 随时随地：いつでもどこでも
5) 快乐：楽しみ　6) 娱乐：娯楽　7) 剧本杀：マーダーミステリー　8) 款：種類や様式を数える量詞　9) 玩家：プレイヤー　10) 围坐：囲んで座る　11) 沿着：～に沿って　12) 剧本：脚本　13) 分别：それぞれに
14) 扮演：演ずる　15) 角色：役、役柄　16) 讨论：討論する　17) 信息：情報　18) 案件：事件　19) 沉浸式小剧场：没入式の小劇場

好像　进入到了　故事²⁰⁾里面，　也　成为了　表演²¹⁾的　一部分。
hǎoxiàng　jìnrùdàole　gùshi　lǐmiàn,　yě　chéngwéile　biǎoyǎn　de　yíbùfen.

演员²²⁾们　就　在　观众²³⁾的　身边　表演，　偶尔²⁴⁾还　会　和
Yǎnyuánmen　jiù　zài　guānzhòng　de　shēnbiān　biǎoyǎn,　ǒu'ěr　hái　huì　hé

观众　做　一些　互动²⁵⁾。
guānzhòng　zuò　yìxiē　hùdòng.

这些　娱乐　形式　的　共同　特征²⁶⁾之一，　是　沉浸式　的
Zhèxiē　yúlè　xíngshì　de　gòngtóng　tèzhēng　zhīyī,　shì　chénjìnshì　de

体验感。　这　是　单人　娱乐　活动²⁷⁾很　难　体验到　的　东西。
tǐyàngǎn.　Zhè　shì　dānrén　yúlè　huódòng　hěn　nán　tǐyàndào　de　dōngxi.

有时候，　比起²⁸⁾推理　的　结果　或者　演员　的　表演，　扮演
Yǒushíhou,　bǐqǐ　tuīlǐ　de　jiéguǒ　huòzhě　yǎnyuán　de　biǎoyǎn,　bànyǎn

角色　的　参与感²⁹⁾更加　重要，　也　更加　有趣。　另外，　随着
juésè　de　cānyùgǎn　gèngjiā　zhòngyào,　yě　gèngjiā　yǒuqù.　Lìngwài,　suízhe

网络　的　发达　和　普及，　面对面 ❸　交流　的　机会　相对　减少
wǎngluò　de　fādá　hé　pǔjí,　miànduìmiàn　jiāoliú　de　jīhuì　xiāngduì　jiǎnshǎo

了。　这些　娱乐　形式，　提供了　一　种　轻松　的　社交
le.　Zhèxiē　yúlè　xíngshì,　tígōngle　yì　zhǒng　qīngsōng　de　shèjiāo

环境³⁰⁾。　在　娱乐　的　同时　加深³¹⁾交流，　很　多　人　最终　会
huánjìng.　Zài　yúlè　de　tóngshí　jiāshēn　jiāoliú,　hěn　duō　rén　zuìzhōng　huì

成为　生活　中　的　好　朋友。
chéngwéi　shēnghuó　zhōng　de　hǎo　péngyou.

---

20) **故事**：物語　21) **表演**：パフォーマンス　22) **演员**：役者　23) **观众**：観衆　24) **偶尔**：偶然　25) **互动**：双方向のコミュニケーション　26) **特征**：特徴　27) **单人娱乐活动**：一人で楽しむ娯楽の活動　28) **比起**：〜と比べて　29) **参与感**：ライブ感、臨場感　30) **社交环境**：社交の環境　31) **加深**：深める

ポイント 12

---

1 "不但～而且…"「～ばかりでなく…」「～のみならず…」

我**不但**喜欢打游戏，**而且**喜欢学历史。
Wǒ búdàn xǐhuan dǎ yóuxì, érqiě xǐhuan xué lìshǐ.

他**不但**自己学习很努力，**而且**愿意帮助别人。
Tā búdàn zìjǐ xuéxí hěn nǔlì, érqiě yuànyì bāngzhù biéren.
　　　　　　　　　　　　　　　　　　　　　　　　　＊帮助：助ける

2 方向補語 "过来"

　▷動詞の後に用いて、事物が話し手のほうへ近づいてくること、事物が話し手のほうを向く
　　ことを表す。

他从宿舍跑**过来**了。
Tā cóng sùshè pǎoguolai le.

你转**过来**给我看看。
Nǐ zhuǎnguolai gěi wǒ kànkan.
　　　　　　　　　　　　　　　　　　　　　　　　　＊转：（方向を）変える

他把试卷翻**过来**了。
Tā bǎ shìjuàn fānguolai le.
　　　　　　　　　　　　　　　　　　　　　　　　　＊试卷：問題用紙

3 "**面对面**"「面と向かう」「直接的である」

面对面的会谈还是最重要的。
Miànduìmiàn de huìtán háishi zuì zhòngyào de.

今天不是网络会议，大家**面对面**提出意见吧。
Jīntiān bú shì wǎngluò huìyì, dàjiā miànduìmiàn tíchū yìjian ba.
　　　　　　　　　　　　　　　　　　　　　　　　　＊网络会议：オンライン会議

解説　スマホやパソコンで楽しむ "电子游戏"（電子ゲーム）は、略して "电游" といいます。中国の若者たちの間では、"电游" だけでなく "桌游 zhuō yóu" も人気があります。"桌游" は、"桌上游戏"（テーブル上のゲーム）という意味で、もともとは "麻将 májiàng"（マージャン）、"象棋 xiàngqí"（将棋）、"围棋 wéiqí"（囲碁）、"扑克 pūkè"（トランプ）などを指していました。

　近年では、「三国志」をモチーフにした "三国杀 Sānguó shā"（三国殺）など、歴史や伝統文化の要素を取り入れた "卡牌游戏 kǎpái yóuxì"（カードゲーム）も人気で、独特の世界観が魅力のようです。若者世代には、会話や推理を駆使してストーリーを展開していくマーダーミステリーも人気があります。みなさんは、どのような "电游" や "桌游" を楽しんでいますか。もしかしたら、身近に中国発のゲームがあるかもしれません。

1 日本語訳を参考にして、空欄に入る適切な語句を書き入れなさい。

1）今日は対面式の会議です。
　　今天是（　　　　　　）的会议。

2）これは小説から改編した映画です。
　　这是一部从小说改编（　　　　）的电影。　　　　　　　　　　＊改编 gǎibiān：改編する

3）ここでは観光客は買い物ができるだけでなく、食事もできる。
　　在这里游客（　　　　）可以买东西，（　　　　）可以吃饭。　　＊游客 yóukè：観光客

4）我々は対面で確認して、しっかり安全業務を行わなければなりません。
　　我们要（　　　　　　）确认一下，做好安全工作。
　　　　　　　　　　　　＊确认 quèrèn：確認する　　　＊安全工作 ānquán gōngzuò：安全業務

2 日本語訳を参考に、語句を並べ替えて文を作りなさい。

1）「福」の字を逆さまにしましょう。
　　〔"福"字／过来／把／吧／倒／。〕
　　　　　　　　　　＊"福"字 "fú" zì：春節に飾る「福」の字　　　＊倒 dào：逆さまにする

2）彼女たちは喫茶店で向かい合って座っている。
　　〔咖啡厅／坐着／面对面／她们／在／。〕　　　　　　　　＊咖啡厅 kāfēitīng：喫茶店

3）漫画を収集するだけでなく、私はほかにもたくさんのフィギュアを収集しています。
　　〔不但／而且／漫画／手办／很／收藏／收藏／我／多／，／。〕
　　　　　　　　　　＊手办 shǒubàn：フィギュア　　　＊收藏 shōucáng：コレクションする

3 学習したポイントを参照して、中国語に訳しなさい。

1）私はアニメを見るだけでなく、ライトノベルも読みます。
　　　　　　　　　　　　　　　　　　　　　　＊ライトノベル：轻小说 qīng xiǎoshuō

2）韓国ドラマはおもしろいだけでなく、音楽も美しいです。
　　　　　　　　　　　　　　　　　　　　　　　　　　　＊韓国ドラマ：韩剧 Hánjù

3）彼女は駅から歩いてきました。

4）対面のコミュニケーションが最も重要です。
　　　　　　　　　　　　　　　　　＊コミュニケーション（をとる）：沟通 gōutōng

中国の祝日 "节日 jiérì" の中で、多くの人にとって最も重要なのは旧暦の元旦を意味する "春节 Chūnjié" です。"春节" から1週間の連休があり、さらに旧暦1月15日の "元宵节 Yuánxiāojié"（元宵節）までお正月ムードが続きます。普段は離れて暮らしている家族や親族が集まってにぎやかに過ごす習慣がありますが、近頃はお正月を取り巻く事情も変化しているようです。

(63)

对　中国人　来说，　没有　比　春节　更　重要　的　节日　了。
Duì　Zhōngguórén　láishuō,　méiyǒu　bǐ　Chūnjié　gèng　zhòngyào　de　jiérì　le.

临近[1)]　春节，　大家　就　会　去　打　年货[2)]，　做　大扫除[3)]，　在
Línjìn　Chūnjié,　dàjiā　jiù　huì　qù　dǎ　niánhuò,　zuò　dàsǎochú,　zài

门前　贴上　春联[4)]、　"福"字。　其中，　除夕　的　年夜饭[5)]　是
ménqián　tiēshang　chūnlián、　"fú"zì.　Qízhōng,　chúxī　de　niányèfàn　shì

重头戏[6)]。　一家人　聚在　一起[7)]，　吃　一　顿　丰盛[8)]　的　晚餐。
zhòngtóuxì.　Yìjiārén　jùzài　yìqǐ,　chī　yí　dùn　fēngshèng　de　wǎncān.

北方人　爱　吃　饺子，　南方人　爱　吃　年糕[9)]。　无论　是❶　北方
Běifāngrén　ài　chī　jiǎozi,　nánfāngrén　ài　chī　niángāo.　Wúlùn　shì　běifāng

还是　南方，　餐桌　上　都　会　有　鱼。　但　不　可以　全部
háishi　nánfāng,　cānzhuō　shang　dōu　huì　yǒu　yú.　Dàn　bù　kěyǐ　quánbù

吃完，　这　象征着　"年年　有余[10)]"。
chīwán,　zhè　xiàngzhēngzhe　"niánnián　yǒuyú".

(64)

晚饭　时，　晚辈[11)]　给　长辈[12)]　送上　祝福，　长辈　会　给
Wǎnfàn　shí,　wǎnbèi　gěi　zhǎngbèi　sòngshang　zhùfú,　zhǎngbèi　huì　gěi

晚辈　发　压岁钱[13)]。　吃完了　晚饭，　一家人[14)]　会　看着　春节
wǎnbèi　fā　yāsuìqián.　Chīwánle　wǎnfàn,　yìjiārén　huì　kànzhe　Chūnjié

联欢　晚会[15)]　一起　跨年[16)]。　12　点　一❷　过，　就　会　听到
liánhuān　wǎnhuì　yìqǐ　kuànián.　Shí'èr　diǎn　yí　guò,　jiù　huì　tīngdào

---

1) 临近：近づく　　2) **打年货**：年越し用品を購入する　　3) **做大扫除**：大掃除をする　　4) **春联**：春節用の対聯
5) **年夜饭**：年越しの料理　　6) **重头戏**：重要な任務　　7) **聚在一起**：一緒に集まる　　8) **丰盛**：豊富である、盛りだくさんである　　9) **年糕**：餅　　10) **年年有余**：毎年ゆとりがありますように〔"鱼" は "余" と同じ発音で縁起がよい〕　　11) **晚辈**：世代の下の者　　12) **长辈**：世代の上の者　　13) **压岁钱**：お年玉　　14) **一家人**：家族、身内
15) **春节联欢晚会**：春節の大型テレビ番組（＝"春晚"）　　16) **跨年**：年越し

窗外 [17] 传来 一阵阵 [18] 鞭炮 [19] 声, 有时候 会 持续 好几 个
chuāngwài chuánlai yízhènzhèn biānpàoshēng, yǒushíhou huì chíxù hǎojǐ ge

小时。 到了 农历 正月 [20] 里, 大家 会 去 拜年 [21], 逛 庙会 [22]。
xiǎoshí. Dàole nónglì zhēngyuè li, dàjiā huì qù bàinián, guàng miàohuì.

随着 时代 的 变化, 春节 的 习俗 也 在 慢慢 变化。 🎧65
Suízhe shídài de biànhuà, Chūnjié de xísú yě zài mànmàn biànhuà.

比如, 以前 到了 春节, 餐厅 也 休息 了, 大家 都 在 家
Bǐrú, yǐqián dàole Chūnjié, cāntīng yě xiūxi le, dàjiā dōu zài jiā

吃 年夜饭。 现在 营业 的 餐厅 越来越 多, 菜品 也 越来越
chī niányèfàn. Xiànzài yíngyè de cāntīng yuèláiyuè duō, càipǐn yě yuèláiyuè

精致 [23], 很 多 人 会 选择 到 外面 吃。 由于 ❸ 工作 的
jīngzhì, hěn duō rén huì xuǎnzé dào wàimiàn chī. Yóuyú gōngzuò de

原因, 不 能 回 家 的 人, 就 会 用 手机 拜年, 长辈们
yuányīn, bù néng huí jiā de rén, jiù huì yòng shǒujī bàinián, zhǎngbèimen

就 会 发 电子 红包 [24]。 随着 娱乐 的 丰富 [25], 看 春晚
jiù huì fā diànzǐ hóngbāo. Suízhe yúlè de fēngfù, kàn Chūnwǎn

的 人 在 逐渐 减少。 出于 环保 [26] 等 理由, 很 多 市区
de rén zài zhújiàn jiǎnshǎo. Chūyú huánbǎo děng lǐyóu, hěn duō shìqū

禁止 放 鞭炮。 年味儿 [27] 是 变淡 [28] 了, 但 人们 对于
jìnzhǐ fàng biānpào. Niánwèir shì biàndàn le, dàn rénmen duìyú

团圆 [29] 的 向往 总是 [30] 不 变 的。
tuányuán de xiàngwǎng zǒngshì bú biàn de.

---

17) **窗**：窓　　18) **一阵阵**：ひとしきり　　19) **鞭炮**：爆竹　　20) **农历正月**：旧暦の正月　　21) **拜年**：新年の挨拶
をする、年始回りをする　　22) **逛庙会**：縁日をまわる　　23) **精致**：精緻な、巧みである　　24) **电子红包**：電子版
のお年玉　　25) **丰富**：豊富である　　26) **环保**：環境保護　　27) **年味儿**：年越しの雰囲気　　28) **变淡**：薄れる
29) **团圆**：再会する、団らんする　　30) **总是**：いつも

1 "无论（是）～都…"「～を問わず…」「～にかかわらず…」

无论多么累，我**都**要回老家过年。
Wúlùn duōme lèi, wǒ dōu yào huí lǎojiā guònián.

* 多么：どれほど
* 过年：新年を迎える、正月を祝う

无论是历史上还是文化上，西藏**都**很有魅力。
Wúlùn shì lìshǐ shang háishi wénhuà shang, Xīzàng dōu hěn yǒu mèilì.

2 "一～就…"「～するとすぐ…」

我**一**看**就**明白了。
Wǒ yí kàn jiù míngbai le.

一吃坚果，我**就**过敏。
Yì chī jiānguǒ, wǒ jiù guòmǐn.

* 坚果：ナッツ
* 过敏：アレルギーがある

3 前置詞 "**由于**"「～によって」

由于时间的关系，今天的活动到此结束。
Yóuyú shíjiān de guānxi, jīntiān de huódòng dào cǐ jiéshù.

* 到此：ここまで
* 结束：終わる

由于催婚的压力，不想回家过年的年轻人也很多。
Yóuyú cuīhūn de yālì, bù xiǎng huí jiā guònián de niánqīngrén yě hěn duō.

* 催婚：結婚をせきたてる

解説 "春节" は 1 月下旬から 2 月初旬の間で、新しい 1 年の始まりです。新暦の "元旦" は 1 日だけの休日で、日本ほど盛大に祝う習慣はありません。中国の重要な祝祭日には、"春节" のように旧暦 "农历 nónglì" を使用する場合もあるので、毎年、日付を確認する必要があります。
　"春节" と "国庆节" は 7 日間、"劳动节" は 5 日間の連休になります。そのほか、旧暦に基づく "清明节"、"端午节"、"中秋节" はそれぞれ 3 日間の連休です。祝祭日は政府が毎年公式に発表するので、メディアの報道などを確認しておきましょう。連休の前後には振替出勤日が定められる場合もあるので、ビジネスなどで中国と関わるときには確認が必要です。
　休日の過ごし方が多様化するにつれ "小长假 xiǎo chángjià"（3 連休）を利用してレジャーを楽しむ人や、"五一假期"（労働節の連休）、"十一假期"（国慶節の連休）などを利用して海外旅行に行く人も多くなりました。

1 日本語訳を参考にして、空欄に入る適切な語句を書き入れなさい。

1) 冬になると、私はすぐ風邪をひく。
（　　　　　）到冬天，我（　　　　　）感冒。　　　　　　　* 感冒 gǎnmào：風邪をひく

2) 天気が原因で、今日のイベントは中止になった。
（　　　　　）天气原因，今天的活动取消了。　　　　　　* 取消 qǔxiāo：取り消す

3) あなたにとっても、私にとっても、この件はとても重要です。
（　　　　　）对你还是对我，这件事（　　　　　）很重要。

4) 資金の問題によって、私たちのプロジェクトは維持するのが難しいです。
（　　　　　）资金问题，我们的项目很难维持。
* 资金 zījīn：資金　　　* 维持 wéichí：維持する

2 日本語訳を参考に、語句を並べ替えて文を作りなさい。

1) 休みになると、すぐに列車のチケットが売り切れる。
〔 火车票 ／ 卖完 ／ 放假 ／ 就 ／ 了 ／ 一 ／ ，／ 。〕　　　* 卖完 màiwán：売り切れる

2) 彼は何の仕事をしても、とても真面目です。
〔 无论 ／ 很 ／ 他 ／ 做 ／ 工作 ／ 什么 ／ 都 ／ 认真 ／ ，／ 。〕
* 认真 rènzhēn：真面目である

3) 両親の仕事の関係で、私はしょっちゅう引っ越しします。
〔 由于 ／ 搬家 ／ 我 ／ 关系 ／ 父母 ／ 工作 ／ 的 ／ 经常 ／ ，／ 。〕
* 搬家 bānjiā：引っ越しをする

3 学習したポイントを参照して、中国語に訳しなさい。

1) 彼が説明するのを聞いて、私はすぐに理解した。
* 解释 jiěshì：説明する

2) どれほど忙しくても、私は自分で食事を作りたい。

3) あなたは行くにしても行かないにしても、私に電話をしてくださいね。

4) 時間の関係で、私はめったに家で食事をしません。
* めったに〜しない：很少〜 hěn shǎo

14

経済のトレンド

日本でも自転車のシェアサービスが少しずつ普及していますが、中国では日常生活の中ですっかり定着しているようです。傘やスマホの充電器をシェアするサービス、配車サービスなども社会に浸透しているので、シェアリングエコノミーの規模とその変化は中国経済を観察する上で注目すべきポイントといえるでしょう。最近はどのようなサービスが人気を集めているか、その理由もあわせて調べてみるのも興味深いですね。

67

经济　方面，近年　最　火¹⁾　的　一　个　关键词²⁾，就　是
Jīngjì　fāngmiàn,　jìnnián　zuì　huǒ　de　yí　ge　guānjiàncí,　jiù　shì

共享　经济³⁾。现在　几乎⁴⁾　所有⁵⁾　的　城市，都　有　共享
gòngxiǎng jīngjì.　Xiànzài　jīhū　suǒyǒu　de　chéngshì,　dōu　yǒu　gòngxiǎng

充电宝⁶⁾　和　共享　单车⁷⁾。它们　都　是　通过　手机　扫码⁸⁾
chōngdiànbǎo　hé　gòngxiǎng dānchē.　Tāmen　dōu　shì　tōngguò　shǒujī　sǎomǎ

来⁹⁾　解锁¹⁰⁾，线上　付费¹¹⁾，并且　可以　在　不同　的　地点
lái　jiěsuǒ,　xiànshàng　fùfèi,　bìngqiě　kěyǐ　zài　bùtóng　de　dìdiǎn

返还¹²⁾。在　中国，还　有　一　款　叫　滴滴　出行¹³⁾　的　打车
fǎnhuán.　Zài Zhōngguó,　hái　yǒu　yì　kuǎn　jiào　Dīdī　chūxíng　de　dǎchē

软件¹⁴⁾，用户¹⁵⁾　可以　线上　预约　和　支付¹⁶⁾。通过　这个
ruǎnjiàn,　yònghù　kěyǐ　xiànshàng　yùyuē　hé　zhīfù.　Tōngguò　zhège

软件，连**❶**私家车　也　可以　像¹⁷⁾　出租车　一样　营业。
ruǎnjiàn,　lián　sījiāchē　yě　kěyǐ　xiàng　chūzūchē　yíyàng　yíngyè.

68

总的来说，共享　经济　的　各种　产品，以¹⁸⁾　相对　较　低
Zǒngdeláishuō,　gòngxiǎng jīngjì　de　gèzhǒng chǎnpǐn,　yǐ　xiāngduì　jiào　dī

的　价格，让　人们　的　生活　更　方便　了。同时，这　种
de　jiàgé,　ràng　rénmen　de　shēnghuó gèng　fāngbiàn le.　Tóngshí,　zhè　zhǒng

---

1) **火**：人気がある　　2) **关键词**：キーワード　　3) **共享经济**：シェアリングエコノミー　　4) **几乎**：ほとんど
5) **所有**：すべての、あらゆる　　6) **充电宝**：充電器　　7) **共享单车**：シェアバイク　　8) **扫码**：QRコードをスキャンする　　9) **来**：["来"＋動詞] で動作の方法を示す　　10) **解锁**：ロックを解除する　　11) **线上付费**：オンラインで決済する　　12) **返还**：返却する　　13) **滴滴出行**：配車サービス DIDI　　14) **打车软件**：（タクシーなど）配車サービスのアプリ　　15) **用户**：ユーザー　　16) **支付**：支払う　　17) **像～一样**：～のようである　　18) **以**：～をもって

模式[19] 还 提高了 资源 的 使用率， 也 更加[20] 绿色 环保[21]。
móshì hái tígāole zīyuán de shǐyònglù, yě gèngjiā lǜsè huánbǎo.

除了 以上 这些 原因， 由于 中国人 的 生活 习惯， 或许
Chúle yǐshàng zhèxiē yuányīn, yóuyú Zhōngguórén de shēnghuó xíguàn, huòxǔ

人们 也 更 容易 接受[22] 共享 产品 吧。
rénmen yě gèng róngyì jiēshòu gòngxiǎng chǎnpǐn ba.

"中国 速度[23]"， 一般 用来[24] 形容 中国 总是 能 在
"Zhōngguó sùdù", yìbān yònglái xíngróng Zhōngguó zǒngshì néng zài

较[25] 短 的 时间 内， 取得 较 大 的 经济 成果。 事实 上，
jiào duǎn de shíjiān nèi, qǔdé jiào dà de jīngjì chéngguǒ. Shìshí shang,

各种 现象 变化 的 速度 也 非常 快。 比如， 一些 特别
gèzhǒng xiànxiàng biànhuà de sùdù yě fēicháng kuài. Bǐrú, yìxiē tèbié

火 的 软件， 可能 只 过了 几 年， 就 被 淘汰[26] 了。
huǒ de ruǎnjiàn, kěnéng zhǐ guòle jǐ nián, jiù bèi táotài le.

尽管❷ 共享 经济 现在 炙手可热[27]， 但是 它 的 热度[28]
Jǐnguǎn gòngxiǎng jīngjì xiànzài zhìshǒukěrè, dànshì tā de rèdù

到底❸ 会 持续 多 久[29] 呢？ 未来 又 会 出现 什么样 的
dàodǐ huì chíxù duō jiǔ ne? Wèilái yòu huì chūxiàn shénmeyàng de

新 产品 呢？ 让 我们 拭目以待[30] 吧。
xīn chǎnpǐn ne? Ràng wǒmen shìmùyǐdài ba.

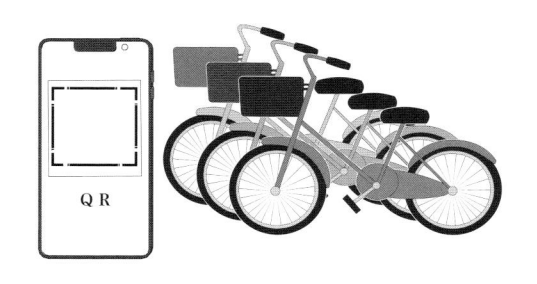

---

19) 模式：モデル　　20) 更加：ますます、なお一層　　21) 绿色环保：グリーン、環境によい　　22) 接受：受け入れる　　23) 中国速度：チャイナ・スピード　　24) 用来：用いて〜する　　25) 较：比較的に、わりと　　26) 淘汰：淘汰する　　27) 炙手可热：手をかざせば火傷をしそうな勢い　　28) 热度：熱意　　29) 久：(時間が) 長い　　30) 拭目以待：事態の発展に注目している

1 "连～也…"「～さえも…」「～までも…」

她太忙了，**连**吃饭的时间**也**没有。
Tā tài máng le, lián chīfàn de shíjiān yě méiyǒu.

现在完全不用现金，**连**钱包**也**不要了。
Xiànzài wánquán bú yòng xiànjīn, lián qiánbāo yě bú yào le.

2 "尽管～但(是)…"「～だけれども…」「たとえ～でも…」

尽管交换了名片，**但**还是加个微信吧。
Jǐnguǎn jiāohuànle míngpiàn, dàn háishi jiā ge Wēixìn ba.

＊名片：名刺
＊加(个)微信：WeChat のアカウントを加える

尽管最近不景气，**但是**一定会好起来的。
Jǐnguǎn zuìjìn bù jǐngqì, dànshì yídìng huì hǎoqilai de.

＊好起来：よくなる

3 副詞 "到底"「いったい」「そもそも」「とうとう」「ついに」

你刚才说的**到底**是什么意思？
Nǐ gāngcái shuō de dàodǐ shì shénme yìsi ?

＊刚才：先ほど

经过多年的准备，项目**到底**成功了。
Jīngguò duōnián de zhǔnbèi, xiàngmù dàodǐ chénggōng le.

＊多年：長年

解説 中国経済の動向について理解する際にポイントとなるのは、"**互联网** hùliánwǎng"（インターネット）の存在です。中国政府が「インターネットプラス政策」を全面的に推進しているため、経済活動はネット空間が主戦場です。たとえば、ネット通販はリアルタイムの動画配信サービスが主流で、人気のある "**网红** wǎnghóng"（インフルエンサー）は、若者世代に絶大な影響力をもっています。

本文で取り上げた「チャイナ・スピード」が最も顕著に表れているのは、ドローンや電気自動車（EV）などの分野です。技術開発の速さだけでなく、市場規模の拡大や業界の再編成を見ても、変化のスピードに圧倒されます。今後は "**人工智能** réngōng zhìnéng"（AI）の分野でも、中国の技術がさらに注目を集めることでしょう。中国企業が開発を進める生成系 AI に関するニュースも、ぜひチェックしてみてください。経済ニュースは、中国の最新事情を映し出す鏡ともいえます。

1　日本語訳を参考にして、空欄に入る適切な語句を書き入れなさい。

1）そのイベントはそもそも計画どおりに開催されますか。
　　那个活动（　　　　　）按计划举行吗?　　　　　　　　＊按计划 àn jìhuà：計画どおりに

2）私は彼女を知りませんし、彼女の名前さえも聞いたことはありません。
　　我不认识她，（　　　）她的名字（　　　）没听说过。

3）住宅価格が非常に高くても、父母はやはり子どもに家を買いたいと思う。
　　（　　　　　）房价非常高，（　　　）父母还是愿意给孩子买房。
　　　　　　　　　　　　　　　　　　　　　　　　　＊愿意 yuànyì：～したいと思う

4）シェア商品はあまりにも便利で、高齢者の生活さえも変えた。
　　共享产品太方便了，（　　　）老年人的生活（　　　）改变了。
　　　　　　　　　　　　　　＊共享产品 gòngxiǎng chǎnpǐn：シェアリングする商品

2　日本語訳を参考に、語句を並べ替えて文を作りなさい。

1）早く話してください、あなたはいったいどうしたのですか。
　　〔 到底 / 快 / 你 / 怎么 / 吧 / 说 / 了 / , / ? 〕

2）幾度もの協議を経て、双方はついに同意しました。
　　〔 同意 / 多次 / 到底 / 谈判 / 双方 / 了 / 经过 / , / 。〕
　　　　　　　　　　　＊谈判 tánpàn：協議、話し合い　　＊双方 shuāngfāng：双方

3）このリンゴはあまりにもおいしいので、私は皮まで食べました。
　　〔 连 / 好吃 / 吃 / 这个 / 也 / 太 / 了 / 皮 / 苹果 / 了 / 我 / , / 。〕

3　学習したポイントを参照して、中国語に訳しなさい。

1）値段が高くても、私はひとつ買いたいです。
　　　　　　　　　　　　　　　　　　　　　　　　　　　　＊値段：价格 jiàgé

2）あなたさえ知らないのだから、私が知るはずがありません。
　　　　　　　　　　　　　　　　　　　　　＊～するはずがない：不可能～ bù kěnéng

3）両親が反対しても、私は海外留学に行きたいと思っています。
　　　　　　　　　　　　　　　　　　　　　　　　　＊反対する：反对 fǎnduì

4）彼らはいったいどういう関係なのですか。

15 晩婚化と少子化

中国の社会は、政治や経済の動向に伴って大きな変貌を遂げています。1990年代に「社会主義市場経済」が導入され、目覚ましい経済成長を続ける中で"明天会更好 Míngtiān huì gèng hǎo"（明日はもっとよくなる）という希望に満ちあふれた言葉が人々に共有されていました。近年は、国際情勢の影響、経済成長の停滞、少子高齢化の加速、社会に蔓延する閉塞感など、さまざまな課題が顕著になり、将来への展望も以前とは大きく異なっているようです。

71

20 世纪 90 年代 以来, 随着 政策 的 改变、经济 的
Èrshí shìjì jiǔshí niándài yǐlái, suízhe zhèngcè de gǎibiàn、 jīngjì de

起飞[1], 中国人 普遍 有着 "明天 会 更 好[2]" 的 希望。 但
qǐfēi, Zhōngguórén pǔbiàn yǒuzhe "míngtiān huì gèng hǎo" de xīwàng. Dàn

经过 三十 年 的 快速 发展, 贫富 差距[3] 扩大, 社会 竞争
jīngguò sānshí nián de kuàisù fāzhǎn, pínfù chājù kuòdà, shèhuì jìngzhēng

加剧[4], 中国 也 渐渐[5] 成为了 一 个 高压 社会[6]。 在 这样
jiājù, Zhōngguó yě jiànjiàn chéngwéile yí ge gāoyā shèhuì. Zài zhèyàng

的 社会 环境[7] 下, 很 多 年轻人 丧失[8]了 奋斗[9] 的
de shèhuì huánjìng xià, hěn duō niánqīngrén sàngshīle fèndòu de

动力[10], 觉得 与其❶ "内卷" 不如 "躺平[11]"。
dònglì, juéde yǔqí "nèijuǎn" bùrú "tǎngpíng".

72

同时, 年轻人 的 婚姻 观念[12] 也 发生着 激烈 的
Tóngshí, niánqīngrén de hūnyīn guānniàn yě fāshēngzhe jīliè de

变化。 在 21 世纪 初, 由于 经济 压力 越来越 大, 不少
biànhuà. Zài èrshiyī shìjì chū, yóuyú jīngjì yālì yuèláiyuè dà, bùshǎo

人 选择了 "裸婚[13]"。 即 不 买 车子、 房子, 甚至 不 办
rén xuǎnzéle "luǒhūn". Jí bù mǎi chēzi, fángzi, shènzhì bú bàn

婚礼, 直接 领证[14]。 在 很 多 大城市, 晚婚 晚育[15] 已经
hūnlǐ, zhíjiē lǐngzhèng. Zài hěn duō dàchéngshì, wǎnhūn wǎnyù yǐjīng

---

1) 起飞：テイクオフ、飛躍的に発展しはじめる　2) 明天会更好：明日はもっとよくなる　3) 贫富差距：貧富の格差　4) 加剧：激化する　5) 渐渐：しだいに　6) 高压社会：プレッシャーの強い社会　7) 环境：環境
8) 丧失：失う　9) 奋斗：奮闘する　10) 动力：動力、原動力　11) 躺平：寝そべる　12) 观念：観念、考え方
13) 裸婚：ジミ婚　14) 领证：公的証書を受け取る　15) 晚婚晚育：晚婚と出産年齢の高齢化

成为了 比较 普遍 的 现象， 甚至 还 有 不少 人 选择
chéngwéile bǐjiào pǔbiàn de xiànxiàng, shènzhì hái yǒu bùshǎo rén xuǎnzé

当[16] "不婚族[17]" 或 "丁克族[18]"。 总的来说， 近 些 年 中国
dāng "bùhūnzú" huò "dīngkèzú". Zǒngdeláishuō, jìn xiē nián Zhōngguó

的 结婚率 和 出生率 一直 在 下降。
de jiéhūnlǜ hé chūshēnglǜ yìzhí zài xiàjiàng.

面对 低 出生率 的 问题， 中国 在 2016 年 取消了
Miànduì dī chūshēnglǜ de wèntí, Zhōngguó zài èr líng yī liù nián qǔxiāole

已经 实行 30 多 年 的 独生 子女 政策[19]， 并 开始 提倡
yǐjīng shíxíng sānshí duō nián de dúshēng zǐnǚ zhèngcè, bìng kāishǐ tíchàng

一 对 夫妻 生育 两 个 孩子。 没 过 多久， 2020 年
yí duì fūqī shēngyù liǎng ge háizi. Méi guò duōjiǔ, èr líng èr líng nián

又 进一步 放开了 三 孩 政策[20]。 可是 不管[2] 采取[21] 多少
yòu jìnyíbù fàngkāile sān hái zhèngcè. Kěshì bùguǎn cǎiqǔ duōshao

措施[22]， 出生率 都 没有 改善。 少子化 问题 是 很 多
cuòshī, chūshēnglǜ dōu méiyǒu gǎishàn. Shǎozǐhuà wèntí shì hěn duō

国家 共通 的 难题， 在 东亚[23] 三 国 尤其 严峻[24]。 除非[3]
guójiā gòngtōng de nántí, zài Dōngyà sān guó yóuqí yánjùn. Chúfēi

提供 更 好 的 生育[25]、 育儿[26] 环境， 否则 少子化 的 问题
tígōng gèng hǎo de shēngyù、 yù'ér huánjìng, fǒuzé shǎozǐhuà de wèntí

很 难 得到 改善。
hěn nán dédào gǎishàn.

16) 当：〜になる　　17) **不婚族**：結婚しない人々　　18) **丁克族**：DINKS（共働きで子どもを持たない夫婦）
19) **独生子女政策**：一人っ子政策　　20) **三孩政策**：三人っ子政策　　21) **采取**：とる、講ずる　　22) **措施**：措置、対
策　　23) **东亚**：東アジア　　24) **严峻**：厳しい、緊迫している　　25) **生育**：出産する　　26) **育儿**：子どもを育てる

1 "与其～不如…" 「～する（である）よりは、むしろ…のほうがよい」

与其他去**不如**我去。
Yǔqí tā qù bùrú wǒ qù.

与其点外卖，**不如**自己买菜做饭。
Yǔqí diǎn wàimài, bùrú zìjǐ mǎi cài zuòfàn.

2 "不管～都…" 「～であろうと…」「～にかかわらず…」

不管你怎么说，我**都**下定决心了。
Bùguǎn nǐ zěnme shuō, wǒ dōu xiàdìng juéxīn le.   ＊下定决心：決心する

不管工作多累，我**都**想实现自己的梦想。
Bùguǎn gōngzuò duō lèi, wǒ dōu xiǎng shíxiàn zìjǐ de mèngxiǎng.   ＊梦想：夢

3 "除非～，否则…" 「～しなければ…しない」「～でなければ…でない」

除非你去，**否则**他不会去。
Chúfēi nǐ qù, fǒuzé tā bú huì qù.

除非有特殊情况，**否则**他不会迟到。
Chúfēi yǒu tèshū qíngkuàng, fǒuzé tā bú huì chídào.   ＊迟到：遅刻する

解説　受験競争や出世争いなどの「熾烈な競争に巻き込まれていく状態」が"内卷"と呼ばれる中で、"躺平族 tǎngpíngzú"（寝そべり族）も流行語として注目されています。長時間労働や過酷な競争社会を嫌い、車や住宅などの高額消費、結婚や出産などを諦めた若者たちのライフスタイルを表す"躺平"は、人生観や価値観の変化を象徴する言葉といえるでしょう。
　　実際には、一定程度の収入や条件がなければ"躺平"はできません。そこで、諦めて寝そべった状態の水平を表す「0度」と立ち上がって競争に立ち向かう状態の「90度」の中間をとって、「45度人生」という表現も話題になっています。絶妙なバランスを保ちながら、自分らしい生き方を大切にしたいという社会心理が反映されている言葉といえるかもしれません。進学、就職、結婚、出産、育児、介護などのライフステージに注目してみると、中国社会のさまざまな変化について理解を深めることができそうです。

1 日本語訳を参考にして、空欄に入る適切な語句を書き入れなさい。

1）友だちの手助けがなければ、私ひとりではなし得ない。
（　　　　）有朋友帮忙，（　　　　）我一个人做不到。
*帮忙 bāngmáng：手伝う　　*做不到 zuòbudào：なし得ない

2）自分で孫の面倒を見るよりは、ベビーシッターを雇ったほうがよい。
（　　　　）自己照顾孙子，（　　　　）请保姆。
*照顾 zhàogù：面倒を見る　　*保姆 bǎomǔ：ベビーシッター

3）自分で思い切らなければ、ずっと思い悩むことになる。
（　　　　）你自己想开了，（　　　　）会一直烦恼。
*想开 xiǎngkāi：思い切る　　*烦恼 fánnǎo：思い悩む

4）どれほど社会が大きく変化しても、伝統的な観念は残っている。
（　　　　）社会发生多大变化，有些传统观念（　　　　）保留着。
*传统观念 chuántǒng guānniàn：伝統的な観念　　*保留 bǎoliú：保つ、保留する

2 日本語訳を参考に、語句を並べ替えて文を作りなさい。

1）結婚して子どもを産むよりは、むしろ独身のほうがいい。
〔与其／不如／结婚／单身／生子／，／。〕
*生子 shēngzǐ：子どもを産む　　*单身 dānshēn：独身

2）専門家がいなければ、この難題を解決することはできない。
〔专家／除非／否则／难题／有／解决不了／这个／，／。〕
*解决不了 jiějuébuliǎo：解決できない

3）あなたが何時に仕事を終えるかにかかわらず、夜食を作ってあげます。
〔夜宵／不管／我／下班／你／都／几点／你／给／做／，／。〕
*夜宵 yèxiāo：夜食

3 学習したポイントを参照して、中国語に訳しなさい。

1）会社で仕事をするよりも、自分で経営者になったほうがよい。
*経営者になる：当老板 dāng lǎobǎn

2）どれほど忙しくても、インターンに参加したい。
*インターンをする：实习 shíxí

3）プレッシャーがどれほど大きくても、任務を完成させなければならない。
*任務を完成させる：完成任务 wánchéng rènwù

4）手術をしなければ、あなたの病気はよくなりません。
*手術をする：做手术 zuò shǒushù　　*よくならない：好不了 hǎobuliǎo

みなさんが中国語を学び始めたきっかけは何でしょうか。最近、中国のどのような分野に興味がありますか。スマホで中国のコンテンツを楽しむことはありますか。中国旅行の計画はいかがですか。質問ばかりになってしまいましたが、今度は逆の視点で考えてみましょう。中国の若者たちは、日本に対してどのような興味や関心をもっているのでしょうか。好きなことや楽しいことなど、何か共通の話題を見つけて交流できたらいいですね。

75

在 中国， 经常 能 接触到 日本 的 动漫[1]、 电视剧、
Zài Zhōngguó, jīngcháng néng jiēchùdào Rìběn de dòngmàn, diànshìjù,

电影， 以及[2] 一些 综艺 节目[3]。 书店 里， 一般 都 有 日本
diànyǐng, yǐjí yìxiē zōngyì jiémù. Shūdiàn li, yìbān dōu yǒu Rìběn

书籍 的 专柜[4]。 其中 既 有 漫画， 还 有 各个 时代 的
shūjí de zhuānguì. Qízhōng jì yǒu mànhuà, hái yǒu gège shídài de

文学 作品， 种类 非常 丰富。 日本 料理 也 很 受 欢迎。
wénxué zuòpǐn, zhǒnglèi fēicháng fēngfù. Rìběn liàolǐ yě hěn shòu huānyíng.

通常， 中国 的 日料店[5] 会 同时 提供 很 多 种 食物，
Tōngcháng, Zhōngguó de rìliàodiàn huì tóngshí tígōng hěn duō zhǒng shíwù,

从 拉面[6]、 咖喱饭[7] 到 寿司、 天妇罗[8] 等， 应有尽有[9]。 此外[10]，
cóng lāmiàn, gālífàn dào shòusī, tiānfùluó děng, yīngyǒujìnyǒu. Cǐwài,

角色 扮演、 偶像 团体[11]、 各种 游戏 等 流行 文化， 也 很
juésè bànyǎn, ǒuxiàng tuántǐ, gèzhǒng yóuxì děng liúxíng wénhuà, yě hěn

受 中国 年轻人 的 喜爱[12]。
shòu Zhōngguó niánqīngrén de xǐ'ài.

76

以上 这些 成为 中国人 了解 日本、 学习 日语 的
Yǐshàng zhèxiē chéngwéi Zhōngguórén liǎojiě Rìběn, xuéxí Rìyǔ de

---

1) **动漫**：アニメ　2) **以及**：および　3) **综艺节目**：バラエティ番組　4) **专柜**：専門のコーナー　5) **日料店**：日本料理店　6) **拉面**：ラーメン　7) **咖喱饭**：カレーライス　8) **天妇罗**：天ぷら　9) **应有尽有**：（あるべきものは）何でもある、必要なものはすべてそろっている　10) **此外**：このほかに　11) **偶像团体**：アイドルグループ　12) **喜爱**：愛好する、好む

1　日本語訳を参考にして、空欄に入る適切な語句を書き入れなさい。

1）私はこの画家が好きなので、ぜひとも展覧会を見なければならない。
　　　我喜欢这位画家，展览会（　　　　）看（　　　　　　　）。
　　　　　　　　　　　　　　　　　　　　＊画家 huàjiā：画家　　　＊展览会 zhǎnlǎnhuì：展览会

2）東京には多くの博物館があり、いずれも見学しに行かなければなりません。
　　　东京有很多博物馆，都是（　　　　）去参观（　　　　　）的。

3）アニメ関連のコレクションにはフィギュアが欠かせない。
　　　有关动漫的收藏（　　　　　　）手办。

4）中国では日本文化がこれほど人気なので、みんなでもっと交流するのはいかがですか。
　　　在中国日本文化这么有人气，大家（　　　　　）多交流。

2　日本語訳を参考に、語句を並べ替えて文を作りなさい。

1）コミックマーケットに参加しに行くなら、コスプレが欠かせない。
　　　〔去 ／ 角色扮演 ／ 参加 ／ 的话 ／ 少不了 ／ 漫展 ／ ，／ 。〕
　　　　　　　　　　　　　　　　　　　　　　　　＊漫展 mànzhǎn：コミックマーケット

2）北海道のお刺身はすごくおいしいので、ぜひとも味わうべきです。
　　　〔尝 ／ 生鱼片 ／ 好吃 ／ 特别 ／ 不可 ／ 的 ／ 非 ／ 北海道 ／ ，／ 。〕
　　　　　　　　　　　　　　　　　　　　　　　　＊生鱼片 shēngyúpiàn：刺身

3）中日の文化には多くの共通点があるので、詳しく観察してみるのはいかがですか。
　　　〔共同点 ／ 中日文化 ／ 很 ／ 仔细 ／ 有 ／ 不妨 ／ 多 ／ 你 ／ 观察 ／ ，／ 。〕
　　　　　　　　　＊共同点 gòngtóngdiǎn：共通点　　　＊仔细观察 zǐxì guānchá：詳細に観察する

3　学習したポイントを参照して、中国語に訳しなさい。

1）お寿司を食べるのに、わさびは欠かせません。
　　　　　　　　　　　　　　　　　　＊寿司：寿司 shòusī　　　＊わさび：芥末 jièmo

2）富士山に登るのは私の長年の夢で、ぜひとも行かなければなりません。
　　　　　　　　　　　　　　　　　　　　　　　　　　　　＊登る：爬 pá

3）このアニメは実写版もあるので、見てみるのはいかがですか。
　　　　　　　　　　　　　　　　　　　　　　　　　　＊実写版：真人版 zhēnrénbǎn

4）私たちには共通の趣味がたくさんあるので、一緒におしゃべりするのはいかがですか。
　　　　　　　　　　　　　　＊趣味：爱好 àihào　　　＊おしゃべりする：聊 liáo

著者略歴

及川淳子（おいかわ じゅんこ）
　桜美林大学、慶應義塾大学卒業。日本大学大学院博士課程修了。
博士（総合社会文化）。専門は現代中国の社会、政治社会思想、お
よび中国語の教材制作。現在、中央大学文学部教授。
2017～2020年度 NHK ラジオ「おもてなしの中国語」講師。
　著書：『わたしの中国語　32 のフレーズでこんなに伝わる』（白水
社）、『起きてから寝るまで中国語表現 1000』（共著、アルク）ほか
多数。

朱力（Zhū Lì ／しゅ りき）
　中央大学大学院博士課程修了。博士（文学）。専門は中国の近現代
文学。現在、中央大学ほか講師。

16 テーマで読む現代中国

2025 年 2 月 1 日　印刷
2025 年 2 月 10 日　発行

著　者 ©　及　川　淳　子
　　　　　朱　　　　　力
発行者　岩　堀　雅　己
印刷所　倉敷印刷株式会社

発行所　101-0052 東京都千代田区神田小川町 3 の 24
　　　　電話 03-3291-7811（営業部）, 7821（編集部）　株式会社　白水社
　　　　www.hakusuisha.co.jp
　　　　乱丁・落丁本は、送料小社負担にてお取り替えいたします。

振替 00190-5-33228　　　　　　　　　　　　　　誠製本株式会社

ISBN978-4-560-06947-9

Printed in Japan

初級から中級へ! 中国語の類義語攻略ドリル
柴 森 著
A5判 206頁 定価2420円(本体2200円)

日本語から中国語に訳すとき,どれを使うか迷ってしまう類義語.間違いやすい表現をピックアップし,使い分けをばっちりマスター!

徹底解説! 中国語の構文攻略ドリル[改訂版]
柴 森 著
本気で「作文力」を身につけるための問題集.特殊構文から補語や"了"の用法まで,文の構造を論理的に解説.改訂では4節を追加.
A5判 222頁 定価2640円(本体2400円)

中国語文法〈補語〉集中講義
洪 潔清 著
1冊まるごと〈補語〉に特化した参考書.段階的に身につけられるよう意味・用法を整理し,練習問題をたっぷり用意しました.
A5判 157頁 定価2420円(本体2200円)

日本語から考える! 中国語の表現
永倉百合子・山田敏弘 著
四六判 165頁 定価2090円(本体1900円)

「おいしそう!」は中国語で何て言う? 2つのことばの発想の違いを知ることで,中国語らしい表現が身につく一冊.

中国語検定対策3級問題集[三訂版]
伊藤祥雄 編著 【CD2枚付】
A5判 205頁 定価2530円(本体2300円)

過去問を分析し,狙われやすいポイントを解説.文法項目ごとに要点を整理,練習問題で実戦力を養成.模擬試験・単語リスト付.

中国語検定対策2級問題集[三訂版]
伊藤祥雄 編著 【CD2枚付】
A5判 184頁 定価2860円(本体2600円)

過去問を分析し,狙われやすいポイントを解説.覚えるべきことを整理,練習問題で実戦力を養成.模擬試験・慣用句リスト付.

中検3級・2級をめざす 読んで覚える中国語単語
丸尾 誠・盧建 著 【MP3 CD-ROM付】
四六判 221頁 定価2420円(本体2200円)

文章を読み,厳選された約1200の語句を文脈のなかで効率よく身につけます.重要語句には用例・解説付.

声に出して読む中国語の名句
西川芳樹 著 【CD付】
四六判 164頁 定価2530円(本体2300円)

中国人が文章やスピーチに好んで引用する古典の名句.厳選70フレーズの出典や由来,実際の用例を紹介.著名人の言葉も多数.

生録中国語
◎インタビューでリスニングに挑戦! 【CD付】
CCアカデミー・大羽りん・趙青 編著
A5判 157頁 定価2860円(本体2600円)

出身・年齢・職業の異なる12人に,来日の経緯や仕事について質問.癖も訛りも含め,ネイティヴのふだんの中国語を聴いてみましょう.

ちょこっと中国語翻訳[増補新版]
◎こんなときネイティヴなら何て言う? 李 軼倫 著
何気ない日常会話ほど翻訳するのは難しい.相手に誤解を与えず必要な情報を伝えるためのコツとは? 学習者の訳文をもとに解説.
A5判 186頁 定価2640円(本体2400円)

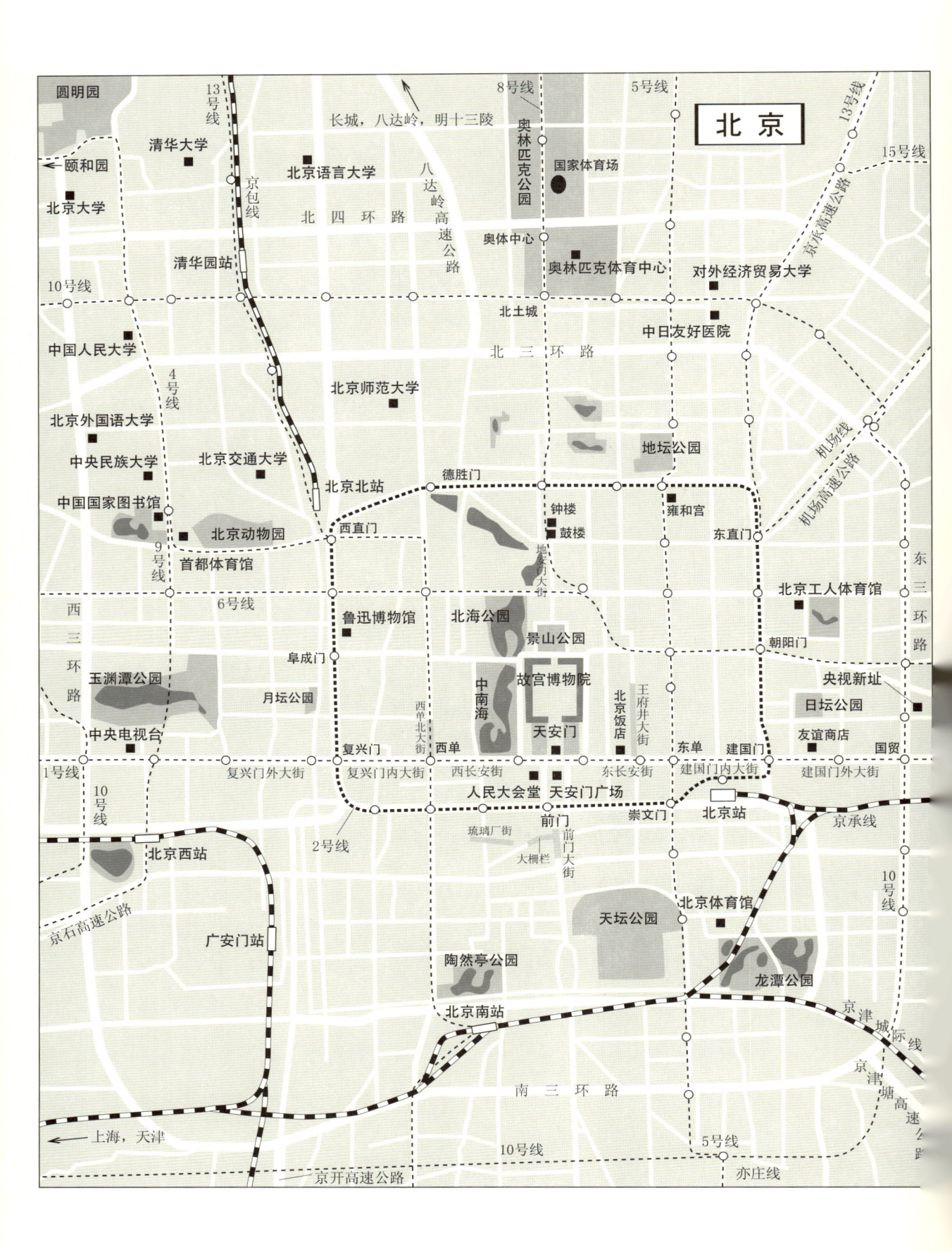

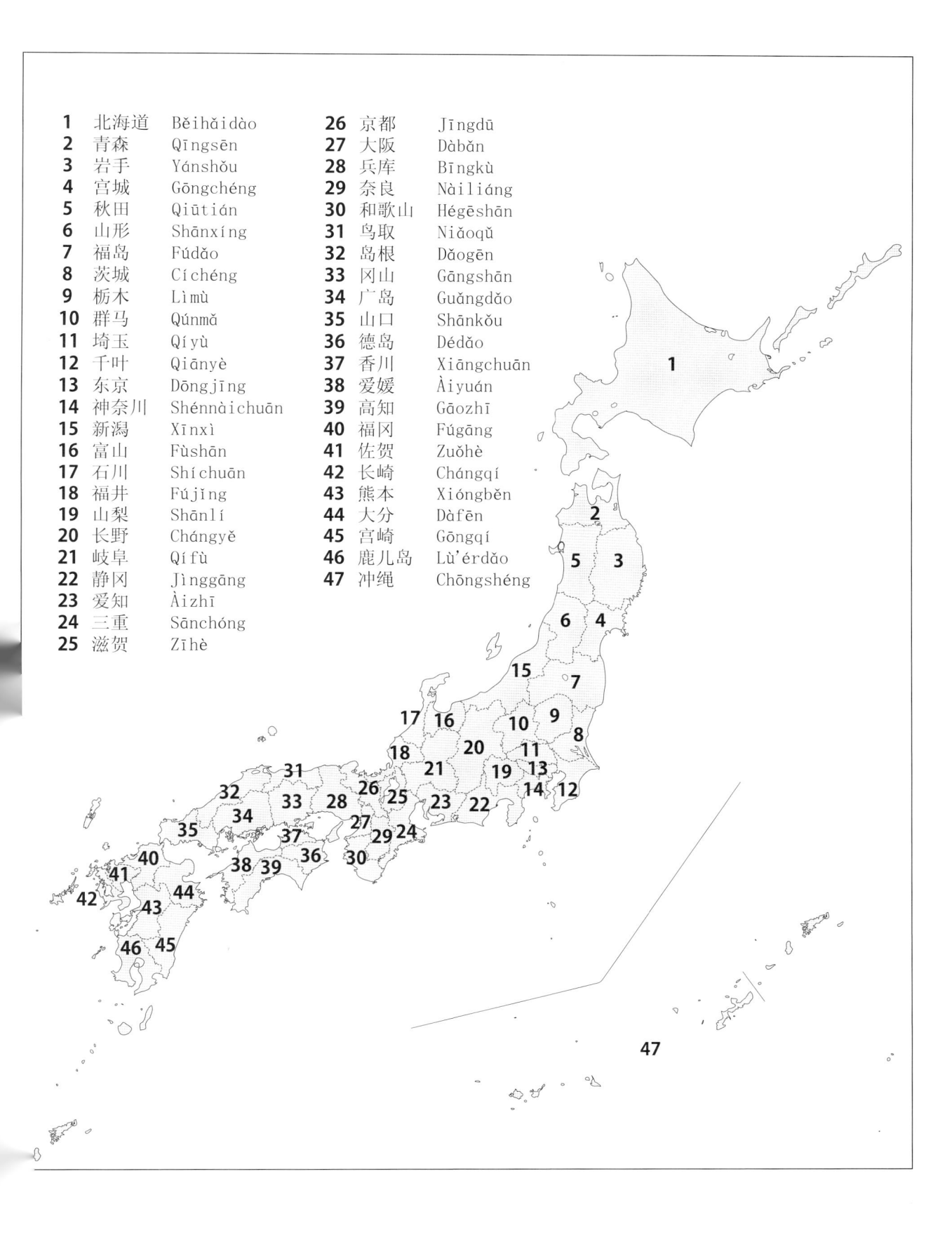

1	北海道	Běihǎidào	26	京都	Jīngdū
2	青森	Qīngsēn	27	大阪	Dàbǎn
3	岩手	Yánshǒu	28	兵庫	Bīngkù
4	宮城	Gōngchéng	29	奈良	Nàiliáng
5	秋田	Qiūtián	30	和歌山	Hégēshān
6	山形	Shānxíng	31	鸟取	Niǎoqǔ
7	福島	Fúdǎo	32	島根	Dǎogēn
8	茨城	Cíchéng	33	冈山	Gāngshān
9	栃木	Lìmù	34	广島	Guǎngdǎo
10	群马	Qúnmǎ	35	山口	Shānkǒu
11	埼玉	Qíyù	36	德島	Dédǎo
12	千叶	Qiānyè	37	香川	Xiāngchuān
13	东京	Dōngjīng	38	爱媛	Àiyuán
14	神奈川	Shénnàichuān	39	高知	Gāozhī
15	新潟	Xīnxì	40	福冈	Fúgāng
16	富山	Fùshān	41	佐贺	Zuǒhè
17	石川	Shíchuān	42	长崎	Chángqí
18	福井	Fújǐng	43	熊本	Xióngběn
19	山梨	Shānlí	44	大分	Dàfēn
20	长野	Chángyě	45	宫崎	Gōngqí
21	岐阜	Qífù	46	鹿儿島	Lù'érdǎo
22	静冈	Jìnggāng	47	冲绳	Chōngshéng
23	爱知	Àizhī			
24	三重	Sānchóng			
25	滋贺	Zīhè			